D1690568

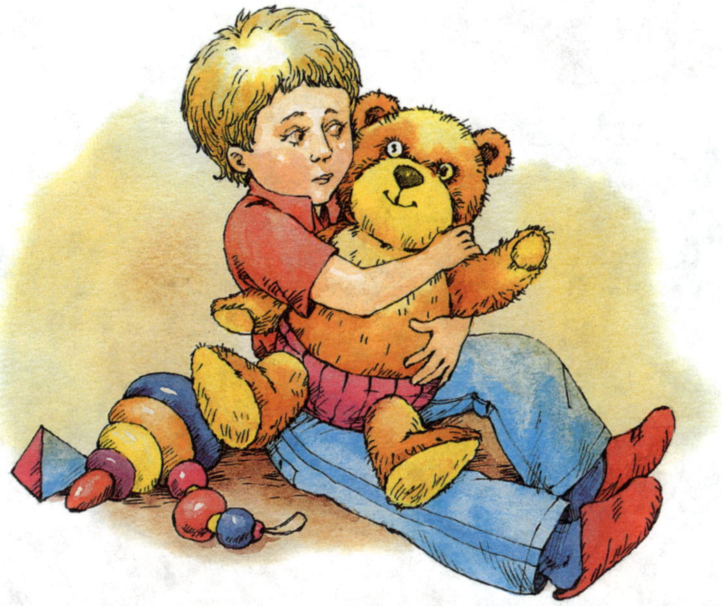

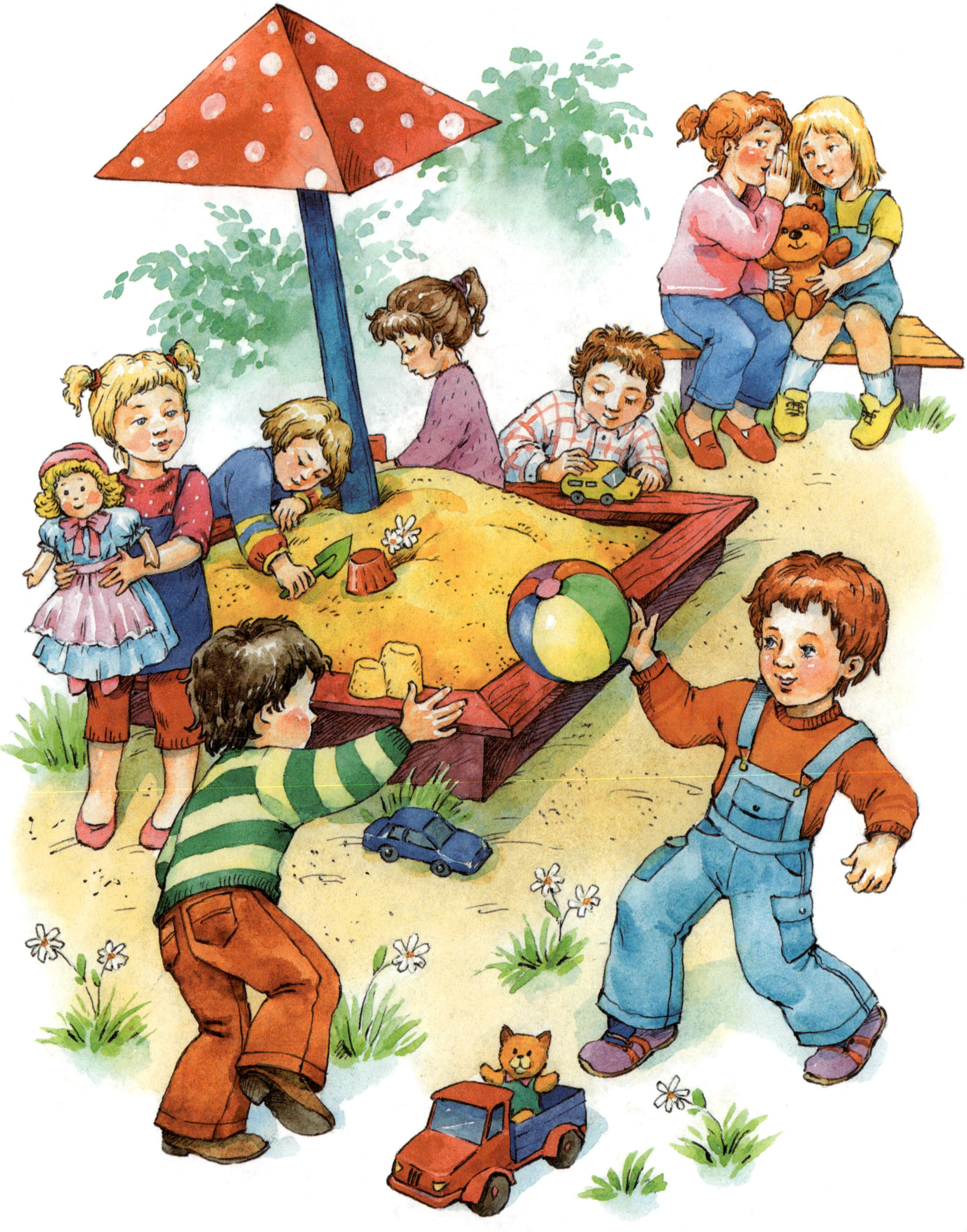

Большая хрестоматия

для дошкольников

Москва
«Махаон»
2016

УДК 821.161.1-(082)-93
ББК 84(2Рос=Рус)6
Б79

Художники

*Н. Бугославская, Е. Володькина, Н. Дойчева-Бут, Е. Дроботова,
Е. Кузнецова, Е. Петрова, К. Тер-Захарянц, Б. Тржемецкий,
М. Федоровская, Я. Яхина*

Б79 **Большая** хрестоматия для дошкольников : стихи, сказки, рассказы. – М. : Махаон, Азбука-Аттикус, 2016. – 360 с. : ил.

ISBN 978-5-389-11572-9

Перед вами замечательная коллекция произведений детской классики, предназначенная для детей от 3 до 6 лет. Теперь вам не надо ломать голову над тем, что бы ещё прочитать своему малышу, а может быть, и целой компании его друзей. В этом сборнике есть всё: весёлые и поучительные истории, добрые стихи, самые любимые сказки, рассказы о природе.

Знакомя маленьких слушателей с лучшими произведениями признанных мастеров прозы и поэзии, вы вместе с ними день за днём будете открывать самую чудесную и удивительную страну – Страну книг.

Ранее эта хрестоматия выходила под названием «Большая хрестоматия для детского сада».

УДК 821.161.1-(082)-93
ББК 84(2Рос=Рус)6

© Аким Я.Л., наследники, 2016
© Александрова З.Н., наследники, 2016
© Бажов П.П., наследники, 2016
© Барто А.Л., наследники, 2016
© Берестов В.Д., наследники, 2016
© Богдарин А.Ю., 2016
© Георгиев С.Г., 2016
© Герасимова Д.С., 2016
© Данько В.Я., 2016
© Драгунский В.Ю., наследники, 2016
© Дружинина М.В., 2016
© Заходер Б.В., наследники, 2016
© Катаев В.П., наследники, 2016
© Карганова Е.Г., 2016
© Коринец Ю.И., наследники, 2016
© Кушак Ю.Н., наследники, 2016
© Мазнин И.А., наследники, 2016
© Носов Н.Н., наследники, 2016
© Орлов В.Н., наследники, 2016
© Осеева В.А., наследники, 2016
© Пивоварова И.М., наследники, 2016
© Пляцковский М.С., наследники, 2016
© Серова Е.В., наследники, 2016
© Степанов В.А., 2016
© Токмакова И.П., 2016
© Усачёв А.А., 2016
© Хармс Д., наследники, 2016
© Чуковский К.И., наследники, 2016
© Шаповалов М.З., 2016
© Бугославская Н.В., иллюстрации, 2016
© Дойчева-Бут Н.А., иллюстрации, 2016
© Дроботова Е.В., иллюстрации, 2016
© Кузнецова Е.Д., иллюстрации, 2016
© Петрова Е.Д., иллюстрации, 2016
© Тер-Захарянц К.В., иллюстрации, 2016
© Тржемецкий Б.В., наследники, иллюстрации, 2016
© Яхина Я.И., иллюстрации, 2016
© Оформление. ООО «Издательская Группа «Азбука-Аттикус», 2016
   Machaon®

ISBN 978-5-389-11572-9

Мои любимые стихи

Е. Серова
СОЛНЦЕ В ДОМЕ

Встало утром Солнышко
И гулять отправилось;
И на нашей улице
Всё ему понравилось.
...Побежало Солнце
Золотой дорожкой,
И попало Солнце
Прямо к нам в окошко!
...Вместе мы отправились
С Солнцем в детский сад.
Приласкало Солнышко
Сразу всех ребят!
Шла у нас до вечера
Дружная игра...
И сказало Солнышко:
– Мне домой пора!
Завтра утром рано
Вас будить приду –
Снова будем бегать
И гулять в саду!

В. Данько

ЧТО ДЕЛАТЬ ПОСЛЕ ДОЖДИКА?

— Что делать после дождика?
— По лужицам скакать!

— Что делать после дождика?
— Кораблики пускать!

— Что делать после дождика?
— На радуге качаться!

— Что делать после дождика?
— Да просто улыбаться!

И. Мазнин
ОБЛАКА

– Облака, облака,
Пышные, белые,
Расскажите, облака,
Из чего вас делали?
Может, вас, облака,
Делали из молока?
Может быть, из мела?
Может быть, из ваты?
Может быть, из белой
Из бумаги мятой?
– Никогда, никогда, –
Отвечали облака, –
Никогда не делали
Нас из молока,
Никогда из мела,
Никогда из ваты,
Никогда из белой
Из бумаги мятой.
Мы – дождевые,
Мы – снеговые.
Если летом мы плывём,
Мы с собой грозу несём,
Если мы плывём зимою,
Мы пургу несём
с собою.

Вот мы какие!

З. Александрова
ВЕТЕР НА РЕЧКЕ

Возле речки детский сад,
На лугу ромашки...
Сорок маленьких ребят
Бегают в пятнашки.

По дорожке побеги, побеги поймай-ка
Голубые трусики, беленькие майки!

Мы приехали сюда,
Ходим за цветами.
Солнце, воздух и вода
На прогулках с нами.

Одинаковые все, кружат по лужайке
Голубые трусики, беленькие майки.

Мы купаться побежим,

Голышами ляжем.
Ветер, ты посторожи
Трусики на пляже!
Ветер дунул, обманул – и летят, как чайки,
Голубые трусики, беленькие майки.

Кто поймает всех скорей?
Ну-ка, без оглядки!..
Распугали пескарей
Озорные пятки.

Ух, поймали!.. На кусты сели сохнуть стайкой
Голубые трусики, беленькие майки.

И. Мазнин

ЧТО Я ЗНАЮ?

А я знаю,
Сколько тонн
Весит слон:
Слон индийский –
Двадцать тонн,
Африканский –
Десять,
А не веришь –
Сам поймай,
Сам попробуй
Взвесить!..

И. Мазнин

ЛЮБИМАЯ КАША

Если печка – то печёт,
Если сечка – то сечёт,
Ну а гречка – то гречёт?
Вот и нет,
Она – растёт.

Если гречку собрать
И в горшок положить,
Если гречку из речки
Водою залить,

А потом,
А потом
Долго в печке варить,
То получится наша
Любимая каша!

А. Богдарин

МОЛОЧНИК-ВОЛШЕБНИК

Я с молочником знаком,
С добряком-весельчаком.

Как-то раз у добряка
Было много молока.
Чтоб добру не пропадать,
Он решил его раздать:

«Всем налью я молока
Без копейки-пятака.
За улыбку, и всего-то,
Приходи, кому охота!»

В поле лошади спешили –
Молока попить решили:
«Нам – ведёрко для ребят,
Для весёлых жеребят».

Вот гурьбой пришли бараны.
Принесли бараны жбаны:
«Это правда? Не ошибка,
Что цена – всего улыбка?
Мы отарой соберёмся –
На сто литров улыбнёмся».

Приходили тёти свинки.
Приносили по две крынки.
Был под радостный их визг
Фейерверк молочных брызг.

И несут лягушки – кружки,
Мышки – крышки,
Кошки – плошки...
Все к молочнику идут,
Хорошо любому тут.

Мышки с кошками танцуют,
Лисы куриц не воруют,
Волки, как собаки, лают
И баранов охраняют.

Свиньи в бане парятся,
Щи без печки варятся,
Гуси не щипаются,
Козы не бодаются,
Мухи не кусаются,
Люди не ругаются.

Чудо, чудо! Вот так чудо
Расчудесное!

С поварёшкой-черпаком
Повар появился:
«Я за чудо-молоком
Очень торопился!
Ты, молочник, помоги –
Будут чудо-пироги,
Манной каши наварю
И прохожим раздарю
За улыбку, и всего-то.
Приходи, кому охота.
Приходи, кому охота,
Отворю свои ворота!»

А потом зашёл кузнец,
Разудалый молодец:
«Пламя в печке яркое,
И работа жаркая.
Молока сейчас попью –
Всех коней перекую
За улыбку, и всего-то.
Приходи, кому охота!»

Пришёл плотник с молотком,
Угостился молоком:
«Я, конечно, не чудак,
Но могу за просто так
Дом хороший смастерить,
Добрым людям подарить
За улыбку, и всего-то.
Приходи, кому охота!»

За улыбку рыбаки
Принесли улов с реки.
Дворник улицы подмёл.
Мельник зёрна помолол.
Пекарь пряников напёк,
Самовар большой разжёг;
Нынче праздник у села:
Жизнь чудесная пошла.
Чудо-чудо, чудо-жизнь,
Расчудесная!

До чего же хорошо
Радостно трудиться!
И не поздно никому
Доброте учиться!
Чтобы люди просто так
Чаще улыбались.
Чтобы чудо-чудеса
Каждый день случались.

Научиться каждый может,
А молочник всем поможет.
За улыбку, и всего-то,
Приходи, кому охота.

А. Богдарин
НЕПОСЛУШНЫЕ ШНУРКИ

Я ботинки надевал,
Я ботинки шнуровал.

Но шнурки не поддавались
И как змеи извивались,
Щекотали пальцы рук,
Заползали под каблук,
Прятались, крутились,
Паутинкой вились.

Я старался, не сдавался,
Жарким потом обливался,
И попыток сделал двести,
И связал ботинки вместе!

Мне такие башмаки,
Где упрямые шнурки,
Не нужны.
Я замену им найду:
В сапогах гулять пойду!
Вот!

Э. Мошковская

СТО РЕБЯТ – ДЕТСКИЙ САД

Сто ребят –
детский сад –
жили на даче.
Это значит:
побарахтались
в реке,
повалялись
на песке,
понастроили
ходов
и песчаных
городов,
нагулялись вволю
по лесу и полю!

Стали крепки,
вроде репки!
Тело бело
почернело...
Смотрят мамы:
– Где же наши –
наши Саши и Наташи?

Наши Кати,
наши Пети?
Тут совсем другие дети!

— Это ваши,
ваши дети:
ваши Кати,
ваши Пети,
ваши Маши,
ваши Саши!

— ПОЧЕМУ ЖЕ ОНИ В САЖЕ?!

— Нет, не в саже Маши ваши,
Маши, Саши и Наташи,
ваши Кати, Мити, Пети...
ЗАГОРЕЛИ ВАШИ ДЕТИ!

Н. Саконская
ЯГОДКА ПО ЯГОДКЕ

Ягодка по ягодке
Собирала я в лесу
Ягоду малину.
Я домой не донесу полную корзину.

Ягодка по ягодке,
Ягодка по ягодке –
Дело продвигается,
Ягод убавляется...

Солнце греет горячо,
Далека дорога.
Не отведать ли ещё
Ягодок немного?

Ягодка по ягодке,
Ягодка по ягодке –
Тают, как снежинки,
Ягоды в корзинке.

Закатилось солнышко,
Показалось донышко,
А на донышке видна
Только ягодка одна.

Не идти же с ней домой?
Съем её – и с плеч долой!

И. Пивоварова
ВОЛШЕБНАЯ ПАЛОЧКА

Я палочкой волшебной
Тихонько проведу
По белому и чистому
Бумажному листу...

И на листе распустятся
Волшебные цветы,
Нигде-нигде на свете
Таких не встретишь ты!

Беру я снова палочку
Волшебную, и вот
Волшебный город с башнями
Лиловыми встаёт,

А в нём живут волшебники
В плащах и сапогах.
Тихонько колокольчики
Звенят на колпаках.

А в небе сразу светят
И звёзды и закат...
Волшебники смеются,
Мне пальцами грозят:

– Уже, приятель, поздно!
Давно пора в кровать!
Скорее раздевайся
И хватит рисовать!

И. Пивоварова
ТАЙНА

Я тебе
Открою тайну,
Никому
Не говори!
Если рано
Ты проснёшься,
Если встанешь
До зари,
Если тихо
Выпьешь чаю,
Если выйдешь
Из дверей,
Если ты
Пойдёшь направо,
А потом
Чуть-чуть левей,
Обогнёшь
Большой колодец,
Обойдёшь
Засохший пруд...
Там, у старой
Водокачки,
Под забором
Две собачки
Громко косточку
Грызут!

ЁЖИК

Нашли в лесу мы ёжика
И принесли домой.
Пускай по кухне бегает,
Колючий и смешной.

Пускай ворчит сердито,
Пыхтит, как паровоз,
Пускай суёт повсюду
Свой круглый чёрный нос!

Ему мы дали коврик
И чашку с молоком,
А утром он вернётся
В тенистый бурелом,

Где тихо и прохладно,
Где ландыши стоят,
Где ждут его ежиха
И пятеро ежат.

И. Пивоварова
ОВЕЧКИ НА КРЫЛЕЧКЕ

Сидели на крылечке
Три грустные овечки,
Сидели и вздыхали
Овечки на крылечке.

А небо было синее,
И пели в роще птицы...
И вот одна овечка
Сказала:

– Ах, сестрицы!
Ведь скоро будет вечер
И солнышко зайдёт!
И скоро будет осень,
И роща опадёт...

– И небо будет серое, –
Добавила другая.
– Да-да, – сказала третья,
Тихонечко вздыхая, –
Завоет зимний ветер,
И вьюга засвистит!

И тут все три овечки
Заплакали навзрыд:

– Ах, как всё это грустно,
Любезные сестрицы!

А небо было синее,
И пели в роще птицы,
Светило в небе солнце,
И дождь грибной прошёл...
И было очень-очень
На свете хорошо!

И. Пивоварова
ВОРОБЕЙ И КОШКИ

Чики-рики-воробей
Прыгал по дорожке,
Чики-рики-воробья
Увидали кошки.

— Ах, послушай, Чики-рик! —
Так они сказали. —
Мы сегодня, Чики-рик,
Были на вокзале.

Там пришёл товарный
Поезд,
Он привёз с собой
Горошек,
Сыр, конфеты,
И котлеты,
И сто тысяч
Хлебных крошек...

Чики-рик, поближе
К нам ты подойди,
Скажем по секрету,
Как туда пройти.

— Дорогие кошки! —
Чики-рик сказал. —
Я бы с удовольствием
Крошек поклевал,
Закусил бы сыром,
А потом конфетами...
Но уже по горло сыт
Вашими секретами!

И. Пивоварова
МОЙ ХРАБРЫЙ ЛЕВ

Живёт в моей квартире лев.
А это вам не кот,
Не чиж,
Не ёж,
Не уж,
Не мышь,
Совсем наоборот!

Из дома утром я ушёл,
А лев – он не синица,
Не чиж,
Не ёж,
Не уж,
Не мышь,
Ну мало ль что случится?!

Я мчусь домой, не чуя ног,
Стрелой влетаю на порог...
Но кто там плачет
Под столом,
Дрожит
И трёт глаза хвостом?

– Ведь я не мышь.
Не уж,
Не чиж,
Не ёж
И не синица!
А ты ушёл,
И одного
Ты льва оставил
Своего,
И нету дома
Никого,
Ну мало ль что случится?!

Ю. Коринец
ЛАПКИ

Как у старой бабки
Жили-были лапки.
Встанет бабка утром рано,
Выйдет в погреб за сметаной –
Лапки вслед за ней бегут.
Всюду бабку стерегут.
Сядет бабушка вязать –
Лапки рядом с ней опять:
Схватят бабушкин клубок
И закатят в уголок...
Надоели бабке
Озорные лапки!
Видит бабка – у ворот
Умывают лапки рот.
Стала бабка ждать гостей,
Суп сварила из костей.
Ждёт гостей, а их всё нет.
Стынет бабушкин обед.

Глядь, а лапки из кастрюли
Кость большую утянули.
Вот тебе и лапки!
Нет покоя бабке.
Отчего ж тогда стара
Их не гонит со двора?
Оттого, что ночью лапки
Верно служат старой бабке.
Если лапки ночью вскочат,
Когти острые поточат,
По полу пройдутся –
Все мыши разбегутся!
Нет мышей у бабки.
Вот такие лапки!

Э. Мошковская

ЖИЛ НА СВЕТЕ ОДИН ЧЕЛОВЕЧЕК

Жил на свете один человечек,
И пошёл человечек гулять,
И нашёл он двенадцать дощечек,
И решил себе домик собрать.

И сложил он сначала крылечко,
Чтобы каждый войти к нему мог.
К сожаленью, тому человечку
Не хватило на стены досок.

Небо крышу ему подарило,
И стеной был кудрявый лесок,
Ничего, что ему не хватило,
Не хватило на стены досок!

По утрам к нему солнце входило,
Выпивало росистый квасок,
Хорошо, что ему не хватило,
Не хватило на стены досок!

И пришли к нему птицы и звери,
Майский жук заглянул на часок...
Хорошо, что на крепкие двери,
Не хватило на стены досок!..

Э. Мошковская

ХИТРЫЕ СТАРУШКИ

Наверно, у старушек
полным-полно игрушек!
Матрёшек, и петрушек,
и заводных лягушек.

Но хитрые старушки
припрятали игрушки
и сели в уголок
вязать себе чулок,
и гладить свою кошку,
и охать понарошку.
А сами только ждут,
когда же все уйдут!

И в тот же миг старушки – прыг!
Летит чулок
под потолок!
И достают старушки
слона из-под подушки
и куклу. И жирафа,
и мячик из-под шкафа.
Но только в дверь – звонок, –
они берут чулок...

И думают старушки –
не знает про игрушки
никто-никто в квартире
и даже в целом мире!

И. Токмакова
КОТЯТА

На свете есть котята —
Касьянка, Том и Плут.
И есть у них хозяйка,
Не помню, как зовут.

Она котятам варит
Какао и компот
И дарит им игрушки
На каждый Новый год.

Котята ей находят
Пропавшие очки
И утром поливают
Укроп и кабачки.

Котят купить просили
Продукты на обед,
Они сходили в город
И принесли... конфет.

Натёрли пол на кухне
Касьянка, Том и Плут.
Сказали: «Будет кухня —
Совсем замёрзший пруд».
И весело катались
По кухне на коньках.
Хозяйка от испуга
Сказала только: «Ах!»

Котята за капустой
Ходили в огород.
Там у капустных грядок
Им повстречался крот.

Весь день играли в жмурки
Котята и кроты.
А бедная хозяйка
Грустила у плиты.

Косили на опушке
Касьянка, Плут и Том.
Нашли в траве щеглёнка
С оторванным хвостом.

Они снесли больного
К щеглихе-маме в лес
И сделали припарки,
Примочки и компресс.

Ходили как-то к речке
Касьянка, Том и Плут
Проверить, хорошо ли
В ней окуни живут.
Приходят, а у речки
Лежит старик судак
И до воды добраться
Не может сам никак.

Скорей беднягу в воду
Забросили они
И крикнули вдогонку:
«Смотри не утони!»

Сказала раз хозяйка:
«Схожу куплю букварь.
Неграмотный котёнок —
Невежда и дикарь».
И в тот же вечер дружно
Уселись за столом
И выучили буквы
Касьянка, Плут и Том.

А после, взявши ручки
И три карандаша,
Такое сочинили
Послание мышам:

«Эй, мыши-шебуршиши,
Бегите из-под крыши,
Бегите из подвала,
Пока вам не попало».

И подписались все потом:
«Касьянка, Плут и Том».

Борис Заходер
НИКТО

Завёлся озорник у нас.
Горюет вся семья.
В квартире от его проказ
Буквально нет житья!
Никто с ним, правда, не знаком,
Но знают все зато,
Что виноват всегда во всём
Лишь он один – НИКТО!
Кто, например, залез в буфет,
Конфеты там нашёл,
И все бумажки от конфет
Кто побросал под стол?
Кто на обоях рисовал?
Кто разорвал пальто?
Кто в папин стол свой нос совал?
НИКТО, НИКТО, НИКТО!

— НИКТО — ужасный сорванец! —
Сказала строго мать. —
Его должны мы наконец
Примерно наказать!
НИКТО СЕГОДНЯ НЕ ПОЙДЁТ
НИ В ГОСТИ, НИ В КИНО!

Смеётесь вы?
А нам с сестрой
Ни капли не смешно!

В. Степанов

КТО ХОЗЯИН?

Один этаж
В доме – наш,
На нём
Мы живём.

В подвале –
Мыши.
Воробьи –
Под крышей.

– А кто хозяин?
– Сами не знаем.
Наверное, кот:
Он везде живёт.

А. Усачёв

ПЛАНЕТА КОШЕК

Есть где-то Кошачья планета.
Там кошки как люди живут:
Читают в постели газеты
И кофе со сливками пьют.

У них есть квартиры и дачи,
Машины и прочий комфорт.
Они обожают рыбачить
И возят детей на курорт.

Летают в заморские страны.
Находят алмазы с кулак.
Сажают на клумбах тюльпаны
И даже разводят собак.

Роскошная жизнь на планете
У кошек, котов и котят!
Но странные жители эти
Всё время о чём-то грустят...

Как много игрушек хороших!
Как много пластинок и книг!..
Вот нет только кошек у кошек.
Ах, как же им грустно без них!

Борис Заходер

ДЫРКИ В СЫРЕ

– Скажите,
Кто испортил сыр?
Кто в нём наделал
Столько дыр?

– Во всяком случае,
Не я! –
Поспешно хрюкнула
Свинья.

– Загадочно! –
Воскликнул Гусь. –
А га-гадать
Я не берусь!

Овца сказала, чуть не плача:
– Бе-е-зумно трудная задача!
Всё непонятно, всё туманно –
Спросите лучше
У Барана!

– Всё зло – от кошек! – произнёс,
Обнюхав сыр,
Дворовый Пёс. –
Как дважды два – четыре,
От них и дырки в сыре!

А Кот сердито фыркнул с крыши:
– Кто точит дырки?
Ясно – мыши!

Но тут Ворону Бог принёс.
– Ура!
Она решит вопрос.
Ведь, как известно,
У неё
На сыр
Особое чутьё!

И вот поручено
Вороне
Проверить дело
Всесторонне...

Спеша раскрыть задачу дыр,
Ворона
Углубилась
В сыр.

Вот

Дырки
Шире,
     Шире,
          Шире...
А где же сыр?
Забудь о сыре!

Заголосил весь скотный двор:
– Разбой! Грабёж!
Разор! Позор! –
Взлетела на забор
Ворона
И заявила
Оскорблённо:
– Ну, это, знаете, придирки!
Вас
Интересовали
Дырки?
Так в чём же дело?
Сыр я съела,
А дырки –
Все! –
Остались целы!

На этом был окончен спор.
И потому-то
До сих пор,
Увы,
Никто не знает
В мире,
Откуда всё же
Дырки в сыре!

(Из Яна Бжехвы)

Д. Хармс

ОЧЕНЬ СТРАШНАЯ ИСТОРИЯ

Доедая с маслом булку,
Братья шли по переулку.
Вдруг на них из закоулка
Пёс большой залаял гулко.

Сказал младший: «Вот напасть,
Хочет он на нас напасть.
Чтоб в беду нам не попасть,
Псу мы бросим палку в пасть».

Всё окончилось прекрасно.
Братьям сразу стало ясно,
Что на каждую прогулку
Надо брать с собою... булку.

Э. Мошковская

ЭХ!

Кошка
съела канарейку.

А давали ей котлетку,
и сметанку ей давали,
молочка ей наливали!

Кошка
съела канарейку.

А стелили ей постельку
и не били, не лупили,
и котят её любили,
и кормили всю семейку...

Кошка
съела канарейку.

Прямо цап её из клетки!

А давали ей котлетки...
                      Эх!

Н. Саконская
РАЗГОВОР О МАМЕ

От чистого сердца,
Простыми словами
Давайте, друзья,
Потолкуем о маме.

Мы любим её
Как хорошего друга
За то, что у нас
С нею всё сообща,

За то, что, когда
Нам приходится туго,
Мы можем всплакнуть
У родного плеча.

Мы любим её и за то,
Что порою
Становятся строже
В морщинках глаза.

Но стоит с повинной
Прийти головою —
Исчезнут морщинки,
Умчится гроза.

За то, что всегда
Без утайки и прямо
Мы можем доверить
Ей сердце своё.

И просто за то,
Что она наша мама,
Мы крепко и нежно
Любим её.

Э. Мошковская
ОБИДА

Я маму мою обидел.
Теперь никогда-никогда
из дому вместе не выйдем.
Не сходим с ней никуда.
Она в окно не помашет,
я тоже не помашу.
Она ничего не расскажет,
я тоже не расскажу...
Возьму я мешок за плечи,
я хлеба кусок найду,
найду я палку покрепче,
уйду я, уйду в тайгу!
Я буду ходить по следу
в страшный-страшный мороз!
И через бурную реку
буду я строить мост!
И буду я главный начальник,
и буду я с бородой,
и буду такой печальный
и молчаливый такой...

И вот
будет вечер зимний,
и вот
пройдёт много лет,
и вот
в самолёт реактивный
мама возьмёт билет...
И в день моего рожденья
тот самолёт прилетит,
и выйдет оттуда мама,
и мама меня простит!

В. Данько
СПАСИБО

Ребята, откуда
«Спасибо» берётся?
Оно в магазине
Не продаётся,
Не говорится оно
По приказу,
И многим оно
Не досталось ни разу.

А Павлик сегодня
На улицу вышел
И сразу четыре
«Спасибо» услышал!

Косточку Павлик
Барбосу принёс –
«Спасибо» пролаял
Счастливый барбос.

Павлик два домика
Сделал для птиц –
Спасибо ему
От скворцов и синиц.

Потом поливал он
Ведёрком и лейкой
Цветы, что росли
За садовой скамейкой.

– Спасибо! –
Ему прошептали цветы. –
От жажды мы высохли,
Если б не ты.

Мама с работы
Вернулась домой.
Полы подметать
Ей не нужно самой.

Мама устала,
Павлик помог.
Мама сказала:
– Спасибо, сынок!

Д. Герасимова
СИНИЙ КОТ

Ярко-
    ярко-
        синий кот
Спит на лавке у ворот.

Он себе спокойно спит,
А вокруг шумит народ:
– Может, это новый вид?
– Вдруг – инопланетный кот?
Это очень может быть...
– Да такой он неспроста...
Надо б рыбой накормить
Ярко-синего кота.

Сытый-
    сытый-
        сытый кот
Спит на лавке у ворот.
Он в квартиру маляра
Жить пришёл позавчера...

Как умеет –
    так живёт,
Этот
    хитрый
        синий кот.

В. Берестов
ЗНАКОМЫЙ

Сегодня вышел я из дома.
Пушистый снег лежит кругом.
Гляжу – навстречу мне знакомый
Бежит по снегу босиком.

И вот мы радости не прячем,
Мы – неразлучные друзья.
Визжим, и прыгаем, и скачем
И он, и я, и он, и я!

Объятья, шутки, разговоры.
– Ну как живёшь? Ну как дела? –
Вдруг видим, кошка вдоль забора,
Как тень, на цыпочках прошла.
– Побудь со мной ещё немного! –
Но я его не удержал.
«Гав! Гав!» – сказал знакомый строго,
Махнул хвостом и убежал.

А. Барто
ДУМАЮТ ЛИ ЗВЕРИ?

Я думаю о том:
Умеют думать звери?
Вот, шевельнув хвостом,
Котёнок входит в двери.
Он думает о том:
Что будет с ним потом?

Есть ли мысли у телят?
Я видел, как телята
Хвостами шевелят
И вдаль глядят куда-то.

Бывают у собак
Нерадостные мысли,
Задумается пёс –
И уши вниз повисли.

Я думаю о том:
Должны подумать птицы –
Куда им полететь
И где им приютиться,
Должны, в конце концов,
Подумать про птенцов?

Я бабушку спросил:
– Умеют думать звери? –
Она сказала: – Нет. –
Но я ещё проверю.

А. Барто

ВАМ НЕ НУЖНА СОРОКА?

Вам не нужна сорока,
Сорока без крыла?
Она у нас два срока –
Два месяца жила.

Её нашли в июне,
Её назвали Дуней.

Скакала, как зайчонок,
Сорока по траве,
Любила у девчонок
Сидеть на голове.

Она однажды ложку
Стащила со стола,
Но, поиграв немножко,
Андрюше отдала.

Он был её любимцем,
Андрюша Челноков,
Она ему гостинцы
Носила – червяков.

Мы к ней привыкли очень,
А Дуня, в тихий час,
Твердила по-сорочьи:
«Скучаю я без вас...»

Но осень, осень скоро,
В саду желтеет лист.
Уже уехал в город
Володя-баянист.

И мы уедем... Осень...
Но как мы Дуню бросим?

А. Барто

УЕХАЛИ

Щенка кормили молоком,
Чтоб он здоровым рос.
Вставали ночью и тайком
К нему бежали босиком –
Ему пощупать нос.

Учили мальчики щенка,
Возились с ним в саду,
И он, расстроенный слегка,
Шагал на поводу.

Он на чужих ворчать привык,
Совсем как взрослый пёс,
И вдруг приехал грузовик
И всех ребят увёз.

Он ждал: когда начнут игру?
Когда зажгут костёр?
Привык он к яркому костру,
К тому, что рано поутру
Труба зовёт на сбор.
И лаял он до хрипоты
На тёмные кусты.

Он был один в саду пустом,
Он на террасе лёг.
Он целый час лежал пластом,
Он не хотел махать хвостом,
Он даже есть не мог.

Ребята вспомнили о нём —
Вернулись с полпути.
Они войти хотели в дом,
Но он не дал войти.

Он им навстречу, на крыльцо,
Он всех подряд лизал в лицо.
Его ласкали малыши,
И лаял он от всей души.

И. Токмакова
В ЧУДНОЙ СТРАНЕ

В одной стране,
В чудной стране,
Где не бывать
Тебе и мне,
Ботинок чёрным язычком
С утра лакает молочко
И целый день в окошко
Глазком глядит картошка.
Бутылка горлышком поёт,
Концерты вечером даёт,
А стул на гнутых ножках
Танцует под гармошку.
В одной стране,
В чудной стране...
Ты почему не веришь мне?

И. Токмакова
ПЛИМ

Ложка – это ложка,
Ложкой суп едят.
Кошка – это кошка,
У кошки семь котят.

Тряпка – это тряпка,
Тряпкой вытру стол.
Шапка – это шапка,
Оделся и пошёл.

А я придумал слово,
Смешное слово – плим.
И повторяю снова:
Плим, плим, плим!

Вот прыгает и скачет
Плим, плим, плим!
И ничего не значит
Плим, плим, плим.

В. Орлов
ЦВЕТНОЕ МОЛОКО

Как-то летом,
В полвторого
(Точно вспомнить не могу),
Мише встретилась
Корова
Возле речки, на лугу.
– Вы корова?
– Я – корова!
– Я не ждал от вас такого!
– Очень мило!
Очень мило!
Чем я вам
Не угодила?
– Вы цветы жуёте летом,
Но, однако же,
При этом
Мне цветного молока
Не давали вы пока!
И ответила корова:
– Ну и что же здесь такого?
Вам цветное молоко?
Это просто и легко!
Принесу,
Даю вам слово! –

И пошла пастись корова.
Не теряя ни минутки,
Возле речки целый час
Ела только незабудки,
Чтобы выполнить заказ.
Ела, ела,
Ела, ела...
И вздохнула:
– Плохо дело!
Ничего не помогло:
Молоко белым-бело!
– М-да! –
Корова промычала. –
Нужно всё начать с начала! –
И до вечера
В овражке
Ела жёлтые ромашки.
Ела, ела,
Ела, ела...
И вздохнула:
– Плохо дело!
Ничего не помогло:
Молоко белым-бело!
Видно, что-то
Здесь не так.
Нужно кушать
Красный мак! –

Маку красного поела
И вздохнула:
– Плохо дело!
Ничего не помогло:
Молоко белым-бело! –
Опечалилась корова:
– Я, наверно, нездорова!
Не пойти ли мне
К врачу?
Я провериться хочу!
– Что ты, милая корова!
Ты у нас вполне здорова!
Никуда ты не ходи –
Ты на Мишу погляди!
Как у нашего Мишутки
Глазки словно незабудки!
Золотистые кудряшки
Словно во поле ромашки!
Щёчки словно маков цвет!
Не Мишутка, а букет!
Значит, есть у молока
Цвет от каждого цветка! –
Улыбается корова:
– В самом деле я здорова!
Мне приятно
И легко!
Я пошла по молоко.

К. Чуковский
СКРЮЧЕННАЯ ПЕСНЯ

Жил на свете человек,
Скрюченные ножки,
И гулял он целый век
По скрюченной дорожке.

А за скрюченной рекой
В скрюченном домишке
Жили летом и зимой
Скрюченные мышки.

И стояли у ворот
Скрюченные ёлки,
Там гуляли без забот
Скрюченные волки.

И была у них одна
Скрюченная кошка,
И мяукала она,
Сидя у окошка.

А за скрюченным мостóм
Скрюченная баба
По болоту босиком
Прыгала, как жаба.

И была в руке у ней
Скрюченная палка,
И летела вслед за ней
Скрюченная галка.

БАРАБЕК

(Как нужно дразнить обжору)

Робин Бобин Барабек
Скушал сорок человек,
И корову, и быка,
И кривого мясника,
И телегу, и дугу,
И метлу, и кочергу,
Скушал церковь, скушал дом,
И ку́зницу с кузнецом,
А потом и говорит:
«У меня живот болит!»

Я. Аким

ЦВЕТНЫЕ ОГОНЬКИ

В праздники на улицах
В руках у детворы
Горят, переливаются
Воздушные шары.

Разные-разные,
Голубые,
Красные,
Жёлтые,
Зелёные
Воздушные шары!

Очень любят шарики
Ребята в эти дни,
У каждого за пуговку
Привязаны они.

Разные-разные,
Голубые,
Красные,
Жёлтые,
Зелёные
Воздушные шары!

Вот над нашим городом
Летят они, легки,
Как будто в небе вспыхнули
Цветные огоньки.

Разные-разные,
Голубые,
Красные,
Жёлтые,
Зелёные
Цветные огоньки!

Я. Аким
ПЕРВЫЙ СНЕГ

Утром кот
Принёс на лапах
Первый снег!
Первый снег!

Он имеет
Вкус и запах,
Первый снег!
Первый снег!

Он кружится,
Лёгкий,
Новый,
У ребят над головой,

Он успел
Платок пуховый
Расстелить
На мостовой,

Он белеет
Вдоль забора,
Прикорнул
На фонаре, —

Значит,
Скоро,
Очень скоро
Полетят
Салазки
С горок.
Значит,
Можно будет
Снова
Строить крепость
Во дворе!

Я. Аким

В ЛЕСУ

Вьюги, вьюги на земле
Взвились, завертели.
Снегу, снегу в феврале
Намели метели!

Опустел холодный лес,
Замер понемногу:
Кто в норе, а кто залез
В зимнюю берлогу.

Снится мишкам молодым
Мёд, душистый, свежий.
Отощала без еды
Вся семья медвежья!

Скучно зверю в холода.
Вьёт пурга до ночи.
Даже белка из гнезда
Вылезать не хочет.

Но взгляни на тот бугор!
Чуть земли касаясь,
Мчит сюда во весь опор
Быстроногий заяц.

Стойку сделал под кустом
И на лес косится:
Не вильнёт ли где хвостом
Рыжая лисица?

Сдвинул зайка белый ус,
Ставит уши строже...
Он, ребята, ведь не трус,
Просто – осторожен.

А. Усачёв
ПАПОВОЗ

Мы играли в паповоз,
В самый быстрый паповоз,
В самый лучший паповоз:
Ехал я, а папа – вёз.

Долго он не соглашался,
Не хотел пыхтеть всерьёз,
А потом как разошёлся –
И поехал, и повёз!

Сбили шкаф.
　　　Упало кресло.
Стало нам в квартире тесно.
Отправляемся во двор
И летим во весь опор!

Вот так папа!
Ну и скорость!
Обошли машину, поезд,
Догоняем самолёт,
Вырываемся вперёд!

Паповоз, как ветер, мчится
К государственной границе –
Только пыль летит в глаза...
Проскочили за границу –
Надо ж было так случиться –
Отказали тормоза!

Даже вспомнить невозможно,
Сколько видели мы стран...
Вдруг навстречу – знак дорожный:
ОСТОРОЖНО, ОКЕАН!

Папа, не сбавляя ходу,
Рассекает грудью воду
И – подняв волну, плывёт –
Настоящий папоход!

Из тумана перед нами
Айсберг вырос, как гора...
Папоход взмахнул руками,
Паполёт летит –
Ура!

Пролетая над Китаем,
Папа вспомнил вдруг:
– Постой!
Мы на ужин опоздаем,
Возвращаемся домой!

Мы летели, как ракета.
Мы домой спешили так,
Что в предгории Тибета
У меня слетел башмак...

Крикнул!..
      Но уже полмира
Пронеслось внизу в огнях.
Вот наш город.
      Дом.
           Квартира.
Маму встретили в дверях.

Мама очень удивилась:
– Где вы были?
Что случилось? –
Паповоз встаёт с колёс:
– Мы играли в ПАПОВОЗ!
Побывали в разных странах,
Посмотрели белый свет...

– Хороши! – сказала мама. –
Все в пыли. Ботинка нет.
Разъезжают в странах разных,
Приезжают в брюках грязных,
Бросили меня одну...

В общем, так! – сказала мама. –
В выходной, – сказала мама, –
Я лечу, – сказала мама, –
Вместе с вами на Луну!

Юрий Кушак
ЗАЯЧЬЯ РАДОСТЬ

Гонялись по джунглям
За зайцами тигры,
Не нравились зайцам
Тигриные игры.

И зайцы решили:
«Мы здесь пропадём!
Авось где-нибудь
Своё счастье найдём...»

Но лишь добежали
Они до опушки,
Как бросились в омут
Со страху лягушки!

И зайцы плясали и пели, смеясь:
– А мы и не знали,
А мы и не знали,
Что кто-то на свете боится
                      и нас!

Юрий Кушак

КАК МЕДВЕЖОНОК ЗУБ ЛЕЧИЛ

Ах ты, Мишка, глупый Мишка,
Шёл бы к доктору, трусишка.
Съел ты мёду пять кило –
Вот и щёку разнесло.

Старый Ёж под старым дубом
Занялся медвежьим зубом:
Мишку к дубу привязал,
Вынул клещи и сказал:

– Ты ж большой! Бояться глупо,
Вот мы раз – и нету зуба! –
Повернулся к Мишке снова –
Нет ни дуба, ни больного!

Я. Аким
ЖАДИНА

Кто держит
Конфету свою
В кулаке,
Чтоб съесть её
Тайно от всех
В уголке,

Кто, выйдя во двор,
Никому из соседей
Не даст
Прокатиться
На ве-
ло-
си-
пе-
де,

Кто мелом,
Резинкой,
Любою безделицей
В классе
Ни с кем
Ни за что
Не поделится, —

Имя тому
Подходящее дадено,
Даже не имя,
А прозвище:
ЖАДИНА!

Жадину
Я ни о чём
Не прошу.
В гости я
Жадину
Не приглашу.

Не выйдет из жадины
Друга хорошего,
Даже приятелем
Не назовёшь его.

Поэтому —
Честно, ребята, скажу —
С жадными
Я никогда
Не дружу!

Я. Аким
НЕУМЕЙКА

Слыхали?
Сегодня
В подъезде
Восьмом
Ходил почтальон
С необычным
Письмом.

Измятый
Конверт,
А на нём
По линейке
Написано чётко:
ВРУЧИТЬ НЕУМЕЙКЕ.

На первый этаж
Письмоносец
Зашёл.
Увидел, как Вову
Сажали
За стол.

Со сказкою Вове
Вливали бульон.
– Письмо Неумейке! –
Сказал почтальон.

За ложку
Схватился
Испуганный
Вова,
А мама ответила:
– Нету такого!

В квартире
Над ними
Жил мальчик
Андрюша.
По комнате всей
Раскидал он
Игрушки.

Услышав про адрес,
Смутился
Андрейка:
– Не думайте, дядя,
Что я – Неумейка!

Я, дядя,
Ещё не окончил
Игру,
Вот выстрою
Домик –
И всё уберу.

Направилась
Почта
В квартиру направо,
Где только проснулся
Голубчиков
Слава.

Сестрёнка ему
Надевала
Чулок,
А Слава скучал
И глядел
В потолок.

Сказал почтальон:
– Неплохая семейка!
Не здесь ли живёт
Гражданин
Неумейка?

Но Слава,
Услышав
Обидное слово,
Чулок натянул
И воскликнул:
– Да что вы!

Я сам одеваюсь,
Когда захочу,
А это –
Ну... просто
Сестрёнку учу!

Идёт письмоносец
В другую
Квартиру –
И видит
На кухне
Такую картину:

Тарелки
Помыты
И сложены в груду,
А мама и дочь
Вытирают
Посуду.

Сказал почтальон,
Улыбнувшись:
– Беда!
Простите,
Я снова
Попал не туда.

Спустился
Во двор
Письмоносец
И вскоре
Чуть-чуть не упал
На трёхлетнего
Борю –

Цветы
Поливал он
Из маленькой
Лейки.
И здесь
Не нашёл
Почтальон
Неумейки!

Присел
Почтальон,
Отдохнул
И опять
Отправился в путь
Неумейку искать.

...Письмо
Получателя ищет
По свету,
Но что же в письме?
Рассказать по секрету?

Два слова
В конверте
Письма заказного:
ПОЗОР НЕУМЕЙКЕ! —
Обидных два слова.

И я вас прошу,
Постарайтесь,
Ребята,
Чтоб это письмо
Не нашло
Адресата!

З. Александрова

БЕЛОЧКА

Белая грудка,
Рыженький хвостик.
Сказка приходит
К Оленьке в гости.
Сказка лесная,
Белка живая
Скачет по соснам,
Хвост развевая.
Прыгнет в беседку.
Схватит конфетку
И удирает
С ветки на ветку.
В чащу ускачет,
Но ненадолго.
К Оле вернётся,
Прыгнет на ёлку,
Кинется шишкой,
Выбросит булку,
Олю с собой
Зовёт на прогулку.
Вместе попрыгать
Ловко и метко
С ветки на ветку,
С ветки на ветку!

З. Александрова
ТАНЯ И ВОЛЧОК

Познакомьтесь с нашей Таней –
Ей пошёл четвёртый год.
Таня рано утром встанет,
И гулять она пойдёт.

Вместе с Димой, старшим братом,
Таня выйдет за порог.
Побежит с хозяйкой рядом
Серый маленький щенок.

– Здравствуй, Таня!
Таня, здравствуй! –
Ребятишки ей кричат.
И Волчок, щенок ушастый,
Повидаться с ними рад.

Варю, Танину подружку,
Он лизнул в озябший нос,
На большую кошку Вьюшку
Зарычал, как взрослый пёс.

На чужих он звонко лает,
Если видит в первый раз.
Он хозяйку охраняет,
Обижать её не даст!

З. Александрова
НОВЫЙ СНЕГ

Новый снег, пушистый, белый,
С ним что хочешь, то и делай...
Собери скорее в горсть
И снежок подальше брось,
Не лижи его украдкой,
А копай своей лопаткой
И на санках сверху вниз
С белой горки прокатись.
Протопчи в снегу дорожку,
Обгони на лыжах кошку,
Смастери снеговика,
Вот и все дела – пока...

З. Александрова
ПТИЧЬЯ ЁЛКА

У серебряной дорожки,
Лишь наступит Новый год,
На высокой тонкой ножке
Чудо-ёлочка встаёт.

Эта ёлка не простая,
И она не для ребят.
Возле ёлочки летая,
Птицы весело свистят.

Тут и дятел, и синицы,
Снегири и воробей –
Все хотят повеселиться
Возле ёлочки своей!

Не блестят на ней игрушки
И не светится звезда,
Но зато для птиц кормушки
Мы повесили туда!

Прилетают птичьи стаи
К нам на ёлку в зимний сад,
И в саду не умолкая
Колокольчики звенят.

К. Чуковский
ЁЛКА

Были бы у ёлочки
Ножки,
Побежала бы она
По дорожке.

Заплясала бы она
Вместе с нами,
Застучала бы она
Каблучками.

Закружились бы на ёлочке
Игрушки –
Разноцветные фонарики,
Хлопушки.

Завертелись бы на ёлочке
Флаги
Из пунцовой, из серебряной
Бумаги.

Засмеялись бы на ёлочке
Матрёшки
И захлопали б от радости
В ладошки.

Потому что
У ворот
Постучался
Новый год!
Новый, новый,
Молодой,
С золотою бородой!

Е. Серова
НОВОГОДНЕЕ

Наступает Новый год.
Что он людям принесёт?
У каждого, кто трудится,
Кто честен, добр и смел,
Пускай желанье сбудется,
Чего б он ни хотел.

Строитель хочет строить дом
На радость новосёлам,
Чтоб каждый становился в нём
Счастливым и весёлым.

О чём мечтает садовод?
В его мечтах весь мир цветёт.
И люди, глядя на цветы,
Становятся добрей.

Пусть эти славные мечты
Исполнятся скорей.

З. Орлова
НОВЫЙ ГОД

Скоро, скоро Новый год!
Он торопится, идёт!
Постучится в двери к нам:
Дети, здравствуйте, я к вам!

Праздник мы встречаем,
Ёлку наряжаем,
Вешаем игрушки,
Шарики, хлопушки...

Скоро Дед Мороз придёт!
Нам подарки принесёт –
Яблоки, конфеты...
Дед Мороз, ну где ты?

А. Барто
Я ВЫРОСЛА

Мне теперь не до игрушек –
Я учусь по букварю,
Соберу свои игрушки
И Серёже подарю.

Деревянную посуду
Я пока дарить не буду.
Заяц нужен мне самой –
Ничего, что он хромой,

А медведь измазан слишком...
Куклу жалко отдавать:
Он отдаст её мальчишкам
Или бросит под кровать.

Паровоз отдать Серёже?
Он плохой, без колеса...
И потом, мне нужно тоже
Поиграть хоть полчаса!

Мне теперь не до игрушек –
Я учусь по букварю,
Но я, кажется, Серёже
Ничего не подарю.

А. Барто
ПО ДОРОГЕ В КЛАСС

Спешил Никита на урок.
Шёл, не сбавляя шага.
Вдруг на него рычит щенок,
Кудлатая дворняга.
Никита – взрослый! Он не трус!
Но шла Танюша рядом.
Она сказала: – Ой, боюсь! –
И сразу слёзы градом.

Но тут её Никита спас,
Он проявил отвагу,
Сказал: – Иди спокойно в класс! –
И отогнал дворнягу.

Его Танюша по пути
Благодарит за смелость.
Ещё разок её спасти
Никите захотелось.
– Ты потеряешься в лесу,
А я приду – тебя спасу! –
Он предложил Танюшке.

– Ну нет! – ответила она. –
Я не пойду гулять одна,
Со мной пойдут подружки.

– Ты можешь в речке утонуть!
Вот утони когда-нибудь! –
Ей предложил Никита. –
Не дам тебе пойти ко дну!

– Я и сама не утону! –
Она в ответ сердито.

Она его не поняла...
Но ведь не в этом дело!
Он всю дорогу до угла
Спасал Танюшу смело.
В мечтах её от волка спас...
Но тут пришли ребята
                в класс.

В. Маяковский
ЧТО ТАКОЕ ХОРОШО И ЧТО ТАКОЕ ПЛОХО?

Крошка-сын
        к отцу
               пришёл,
И спросила кроха:
– Что такое
        хорошо
и что такое
        плохо? –
У меня секретов
              нет, –
слушайте,
        детишки, –
папы этого
           ответ
помещаю
        в книжке.
– Если ветер
           крыши рвёт,
если
     град загрохал –
каждый
        знает –
            это вот
для прогулок
        плохо.

Дождь
 покапал
  и прошёл.
Солнце
 в целом свете.
Это –
 очень хорошо
и большим
  и детям.
Если
 сын
  чернее
ночи,
грязь лежит
  на рожице, –
ясно, это плохо очень
для ребячьей
  кожицы.
Если
 мальчик
  любит мыло
и зубной
  порошок,
этот мальчик
  очень милый,
поступает хорошо.

Если бьёт
 дрянной драчун
слабого мальчишку,
я такого
 не хочу
даже
 вставить в книжку.
Этот вот кричит:
 – Не трожь
 тех,
кто меньше ростом! –
Этот мальчик
 так хорош,
загляденье просто!
Если ты порвал
 подряд
книжицу
 и мячик,
октябрята говорят:
плоховатый мальчик.
Если мальчик
 любит труд,
тычет
 в книжку пальчик,
про такого
 пишут тут:
он
 хороший
 мальчик.

От вороны
            карапуз
убежал, заохав.
Мальчик этот
              просто трус.
Это
     очень плохо.
Этот,
       хоть и сам с вершок,
спорит
         с грозной птицей.
Храбрый мальчик,
                   хорошо,
в жизни пригодится.
Этот
      в грязь полез и рад,
что грязна рубаха.
Про такого
              говорят:
он плохой,
             неряха.
Этот
       чистит валенки,
моет
      сам
           галоши.
Он
    хотя и маленький,
но вполне хороший.

Помни
 это
  каждый сын.
Знай
 любой ребёнок:
вырастет из сына
      свин,
если сын –
    свинёнок.
Мальчик
  радостный пошёл,
и решила кроха:

«Буду
 делать х о р о ш о,
и не буду –
    п л о х о».

Мои любимые рассказы и сказки

М. Пляцковский

РОМАШКИ В ЯНВАРЕ

Щенок Тявка и утёнок Крячик смотрели, как на дворе кружатся снежинки, и ёжились от мороза.

— Холодно! — клацнул зубами щенок.

— Летом, конечно, теплей... — сказал утёнок и спрятал клюв под крылышко.

— А ты хочешь, чтобы сейчас лето наступило? — спросил Тявка.

— Сейчас? Сразу?

— Конечно!

— Хочу. Но так не бывает...

Щенок достал листок бумаги и коробку с разноцветными карандашами. Через несколько минут он показал свой рисунок продрогшему Крячику.

На листке зеленела трава и повсюду светились маленькие солнышки ромашек. А над ними в углу рисунка сверкало настоящее летнее солнце.

– Это ты хорошо придумал! – похвалил Тявку утёнок. – Я никогда ещё не видел ромашек... в январе!

На землю по-прежнему падал снег.

Щенок и утёнок глядели на весёлые цветы, и казалось им, что наступило доброе ромашковое лето. И стало им обоим очень тепло.

Л. Пантелеев

ДВЕ ЛЯГУШКИ

Жили-были две лягушки. Были они подруги и жили в одной канаве. Но только одна из них была настоящая лесная лягушка – храбрая, сильная, весёлая, а другая была ни то ни сё: трусиха была, лентяйка, соня. Про неё даже говорили, будто она не в лесу, а где-то в городском парке родилась.

Но всё-таки они жили вместе, эти лягушки.

И вот однажды ночью пошли они погулять.

Идут себе по лесной дороге и вдруг видят – стоит дом. А около дома погреб. И из этого погреба очень вкусно пахнет: плесенью пахнет, сыростью, мхом, грибами. А это как раз то самое, что лягушки любят.

Вот забрались они поскорей в погреб, стали там бегать и прыгать. Прыгали, прыгали и нечаянно свалились в горшок со сметаной.

И стали тонуть.

А тонуть им, конечно, не хочется.

Тогда они стали барахтаться, стали плавать. Но у этого глиняного горшка были очень высокие скользкие стенки. И лягушкам оттуда никак не выбраться. Та лягушка, что была лентяйкой, поплавала немножко, побултыхалась и думает: «Всё равно мне отсюда не вылезти. Что ж я буду напрасно барахтаться? Только нервы даром трепать. Уж лучше я сразу утону».

Подумала она так, перестала барахтаться – и утонула.

А вторая лягушка – та была не такая. Та думает: «Нет, братцы, утонуть я всегда успею. Это от меня не уйдёт. А лучше я ещё побарахтаюсь, ещё поплаваю. Кто его знает, может быть, у меня что-нибудь и выйдет».

Но только – нет, ничего не выходит. Как ни плавай – далеко не уплывёшь. Горшок узенький, стенки скользкие – не вылезти лягушке из сметаны.

Но всё-таки она не сдаётся, не унывает.

«Ничего, – думает, – пока силы есть, буду барахтаться. Я ведь ещё живая – значит, надо жить. А там – что будет».

И вот – из последних сил борется наша храбрая лягушка со своей лягушачьей смертью. Уж вот она и сознание стала терять. Уж вот захлебнулась. Уж вот её ко дну тянет. А она и тут не сдаётся. Знай себе лапками работает. Дрыгает лапками и думает: «Нет! Не сдамся! Шалишь, лягушачья смерть...»

И вдруг – что такое? Вдруг чувствует наша лягушка, что под ногами у неё уже не сметана, а что-то твёрдое, что-то такое крепкое, надёжное, вроде земли. Удивилась лягушка, посмотрела и видит: никакой сметаны в горшке уже нет, а стоит она на комке масла.

«Что такое? – думает лягушка. – Откуда здесь взялось масло?»

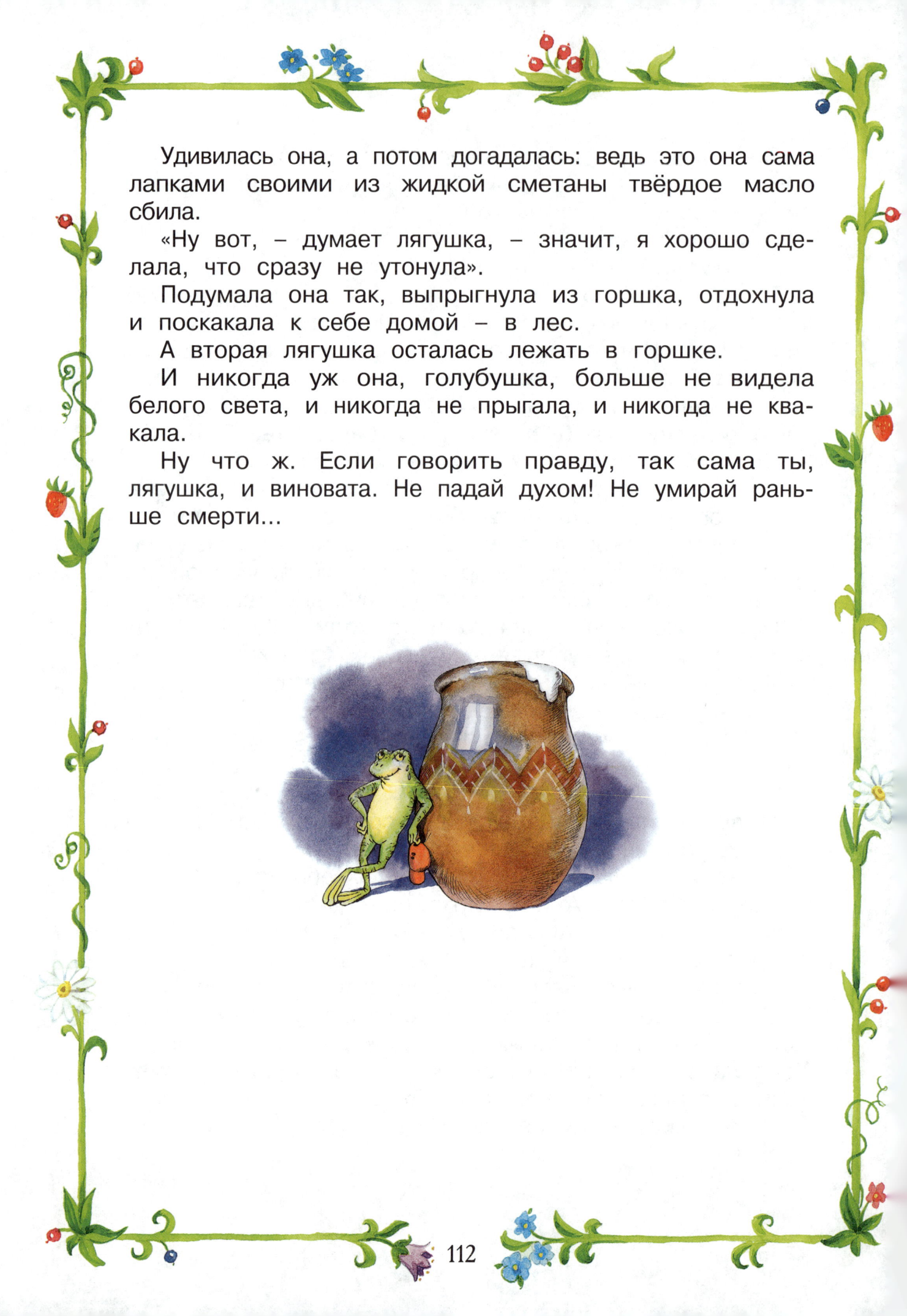

Удивилась она, а потом догадалась: ведь это она сама лапками своими из жидкой сметаны твёрдое масло сбила.

«Ну вот, – думает лягушка, – значит, я хорошо сделала, что сразу не утонула».

Подумала она так, выпрыгнула из горшка, отдохнула и поскакала к себе домой – в лес.

А вторая лягушка осталась лежать в горшке.

И никогда уж она, голубушка, больше не видела белого света, и никогда не прыгала, и никогда не квакала.

Ну что ж. Если говорить правду, так сама ты, лягушка, и виновата. Не падай духом! Не умирай раньше смерти...

М. Шаповалов

ЦВЕТЫ ДЛЯ МАМЫ-МЕДВЕДИЦЫ

Один маленький медвежонок в день рождения мамы-медведицы решил подарить ей букет цветов. И как только кончился большой весёлый летний дождь, медвежонок пошёл за цветами.

Цветы были везде в лесу, но медвежонку хотелось подарить маме букет самых красивых цветов – розовых пионов. А они росли за полянкой, за еловым лесом, за ручьём в берёзовой роще.

Когда медвежонок переходил по колоде через ручей, он вдруг увидел в воде ещё одного медвежонка. Это было, конечно, его собственное отражение, но маленький медвежонок этого ещё не знал.

– Ты кто? – спросил медвежонок.

По лесу после дождя как раз гуляло молоденькое смешливое лесное эхо. Оно-то и ответило весело медвежонку из-за кудрявой осинки:

– Ты кто?

– Я медвежонок, – сказал маленький медвежонок.

– Я медвежонок, – хихикнуло в ответ лесное эхо из-за старого, гнилого пня.

Может быть, эхо и не смеялось, но так уж показалось медвежонку.

– Ты что смеёшься?! – крикнул с обидой медвежонок своему отражению.

А лесное эхо из дупла с обидой сказало:

– Ты что смеёшься?!

– Ах, ты так! – сказал медвежонок и поднял лапу.

Отражение в ручье тоже грозно подняло лапу. Медвежонок ударил своё отражение, весь обрызгался водой и так разозлился, что прыгнул в ручей и стал изо всех сил колотить по воде, нахлебался воды и очень расстроенный вылез из ручья.

– Вот только попадись мне ещё раз, я тебя проучу! – крикнул медвежонок своему хитрому обидчику.

Лесное эхо было совсем рядом, за кустом красной смородины, и оно тоже крикнуло:

– Вот только попадись мне ещё раз, я тебя проучу!

Расстроенный медвежонок увидел рядом с собой свою тень и решил, что это она его передразнивает и смеётся над ним.

Погнался он за своей тенью, а тень всё бежит и бежит впереди медвежонка, никак он догнать её не может. Устал медвежонок, заплакал и пошёл жаловаться маме-медведице.

Возвращаясь, он всё же не забыл нарвать букет лесных цветов.

Были в букете розовые пионы, ветреницы, фиалки, ромашки и колокольчики – замечательный получился букет для мамы-медведицы в день рождения.

– Ну не плачь, – попросила медведица медвежонка, узнав, что случилось с ним сегодня у ручья. – Это было твоё отражение в воде, лесное эхо и твоя тень. А на них нельзя обижаться.

– Нельзя, нельзя, нельзя обижаться, – где-то рядышком весело повторило лесное эхо.

И медвежонок улыбнулся.

Б. Житков
КРУЖЕЧКА ПОД ЁЛОЧКОЙ

Мальчик взял сеточку — плетёный сачок — и пошёл на озеро рыбу ловить.

Первой поймал он голубую рыбку. Голубую, блестящую, с красными пёрышками, с круглыми глазками. Глазки как пуговки. А хвостик у рыбки — совсем как шёлковый: голубенький, тоненький, золотые волоски.

Взял мальчик кружечку, маленькую кружечку из тонкого стекла. Зачерпнул из озера водицы в кружечку — пусть плавает пока рыбка.

Поставил под ёлочкой, а сам пошёл дальше. Поймал ещё рыбку. Большую рыбку — с палец. Рыбка была красная, пёрышки белые, изо рта два усика свесились,

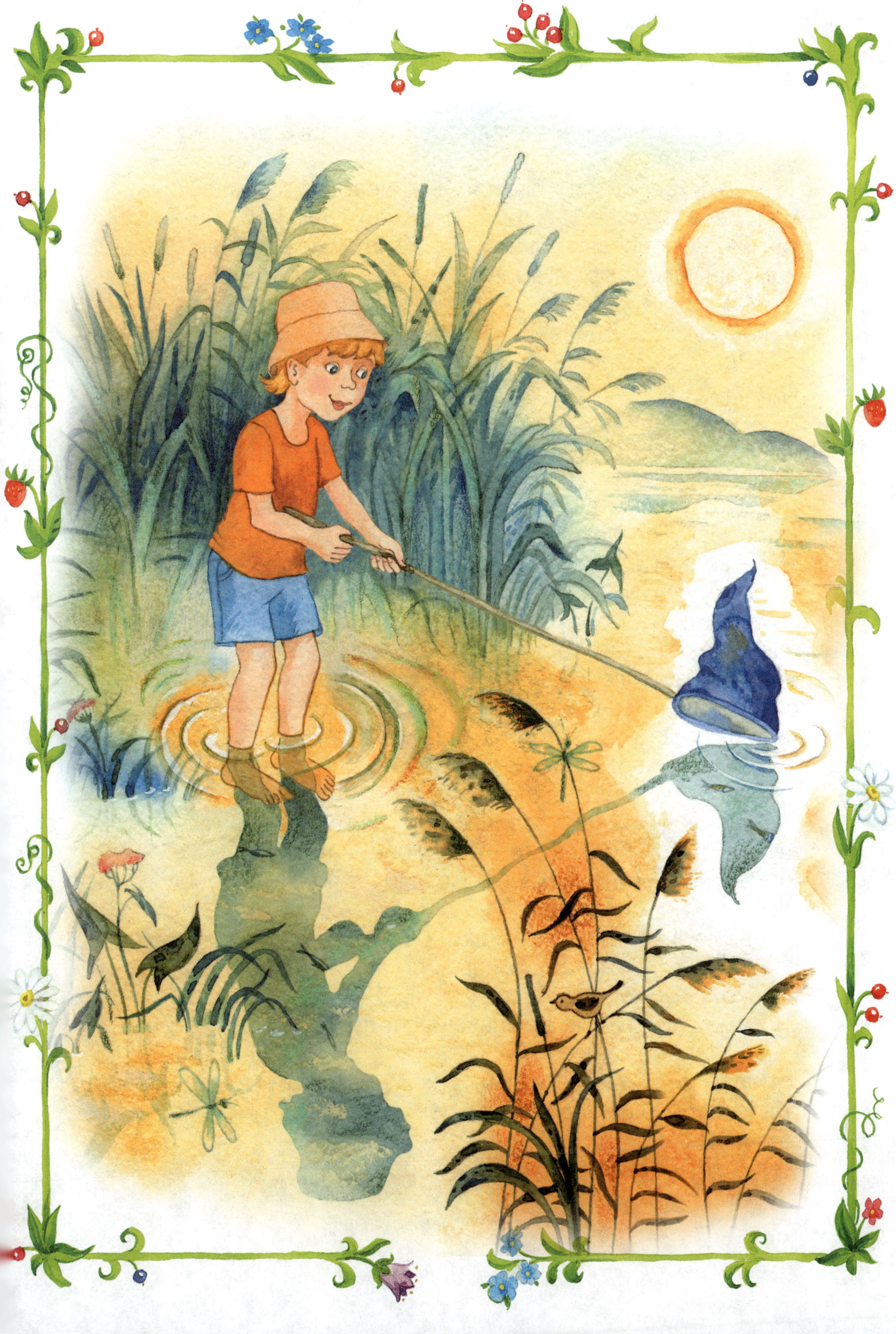

по бокам тёмные полоски, на гребешке пятнышко, как чёрный глаз.

Рыбка сердится, бьётся, вырывается, а мальчик скорее её в кружечку – бух! Побежал дальше, поймал ещё рыбку – совсем маленькую. Ростом рыбка не больше комара, еле рыбку видно.

Мальчик взял тихонечко рыбку за хвостик, бросил её в кружечку – совсем не видать. Сам побежал дальше.

«Вот, – думает, – погоди, поймаю рыбу, большого карася».

А подальше, в камышах, жила утка с утятами. Выросли утята, пора самим летать.

Говорит утка утятам:

– Кто поймает рыбу, первый, кто поймает, тот будет молодец. Только не хватайте сразу, не глотайте: рыбы есть колючие – ёрш, например. Принесите, покажите. Я сама скажу, какую рыбу есть, какую выплюнуть.

Полетели, полетели утята во все стороны. А один заплыл дальше всех. Вылез на берег, отряхнулся и пошёл переваливаясь. А вдруг на берегу рыбы водятся? Видит: под ёлочкой кружечка стоит. В кружечке водица. «Дай-ка загляну».

Рыбки в воде мечутся, плещутся, тычутся, вылезти некуда – всюду стекло.

Подошёл утёнок – видит: ай да рыбки! Самую большую взял и подхватил. И скорее к маме.

«Я, наверно, первый. Самый я первый рыбу поймал – я и молодец».

Рыбка красная, пёрышки белые, изо рта два усика свесились, по бокам тёмные полоски, на гребешке пятнышко, как чёрный глаз.

Замахал утёнок крыльями, полетел вдоль берега – к маме напрямик.

Мальчик видит – летит утка, низко летит, над самой головой, в клюве держит рыбку, красную рыбку с палец длиной.

Крикнул мальчик во всё горло:

– Моя это рыбка! Утка-воровка, сейчас отдай!

Замахал руками, закричал так страшно, что всю рыбу распугал.

Испугался утёнок да как крикнет: «Кря-кря!» Крикнул «кря-кря» и рыбку упустил.

Уплыла рыбка в озеро, в глубокую воду, замахала пёрышками, поплыла домой.

«Как же с пустым клювом к маме вернуться!» – подумал утёнок, повернул обратно, полетел под ёлочку.

Видит – под ёлочкой кружечка стоит. Маленькая кружечка, в кружечке водица, а в водице – рыбки.

Подбежал утёнок, скорее схватил рыбку. Голубую рыбку с золотым хвостиком. Голубую, блестящую, с красными пёрышками, с круглыми глазками. Глазки как пуговки. А хвостик у рыбки – совсем как шёлковый: голубенький, тоненький, золотые волоски.

Подлетел утёнок повыше – и скорее к маме.

«Ну, теперь не крикну, не раскрою клюва. Раз уже был разиней».

Вот и маму видно. Вот совсем уже близко. А мама крикнула:

– Кря, что несёшь?

– Кря, это рыбка, голубая, золотая, – кружечка стеклянная под ёлочкой стоит.

Вот и опять клюв разинул, а рыбка – плюх в воду! Голубенькая рыбка с золотым хвостом. Замотала хвостиком, заюлила и пошла, пошла, пошла вглубь.

Повернул назад утёнок, прилетел под ёлку, посмотрел в кружечку, а в кружечке рыбка маленькая-маленькая, не больше комара, еле рыбку видно.

Клюнул утёнок в воду и что было силы полетел обратно домой.

– Где ж у тебя рыба? – спросила утка. – Ничего не видно.

А утёнок молчит, клюва не открывает. Думает: «Я хитрый! Ух какой я хитрый! Хитрее всех! Буду молчать, а то открою клюв – упущу рыбку. Два раза ронял».

А рыбка в клюве бьётся тоненьким комариком, так и лезет в горло.

Испугался утёнок: «Ой, кажется, сейчас проглочу! Ой, кажется, проглотил!»

Прилетели братья. У каждого по рыбке. Все подплыли к маме и клювы суют.

А утка кричит утёнку:

– Ну а теперь ты покажи, что принёс!

Открыл клюв утёнок, а рыбки нет.

Б. Житков

ХРАБРЫЙ УТЁНОК

Каждое утро хозяйка выносила утятам полную тарелку рубленых яиц. Она ставила тарелку возле куста, а сама уходила.

Как только утята подбегали к тарелке, вдруг из сада вылетала большая стрекоза и начинала кружиться над ними.

Она так страшно стрекотала, что перепуганные утята убегали и прятались в траве. Они боялись, что стрекоза их всех перекусает.

А злая стрекоза садилась на тарелку, пробовала еду и потом улетала.

После этого утята уже целый день не подходили к тарелке. Они боялись, что стрекоза прилетит опять.

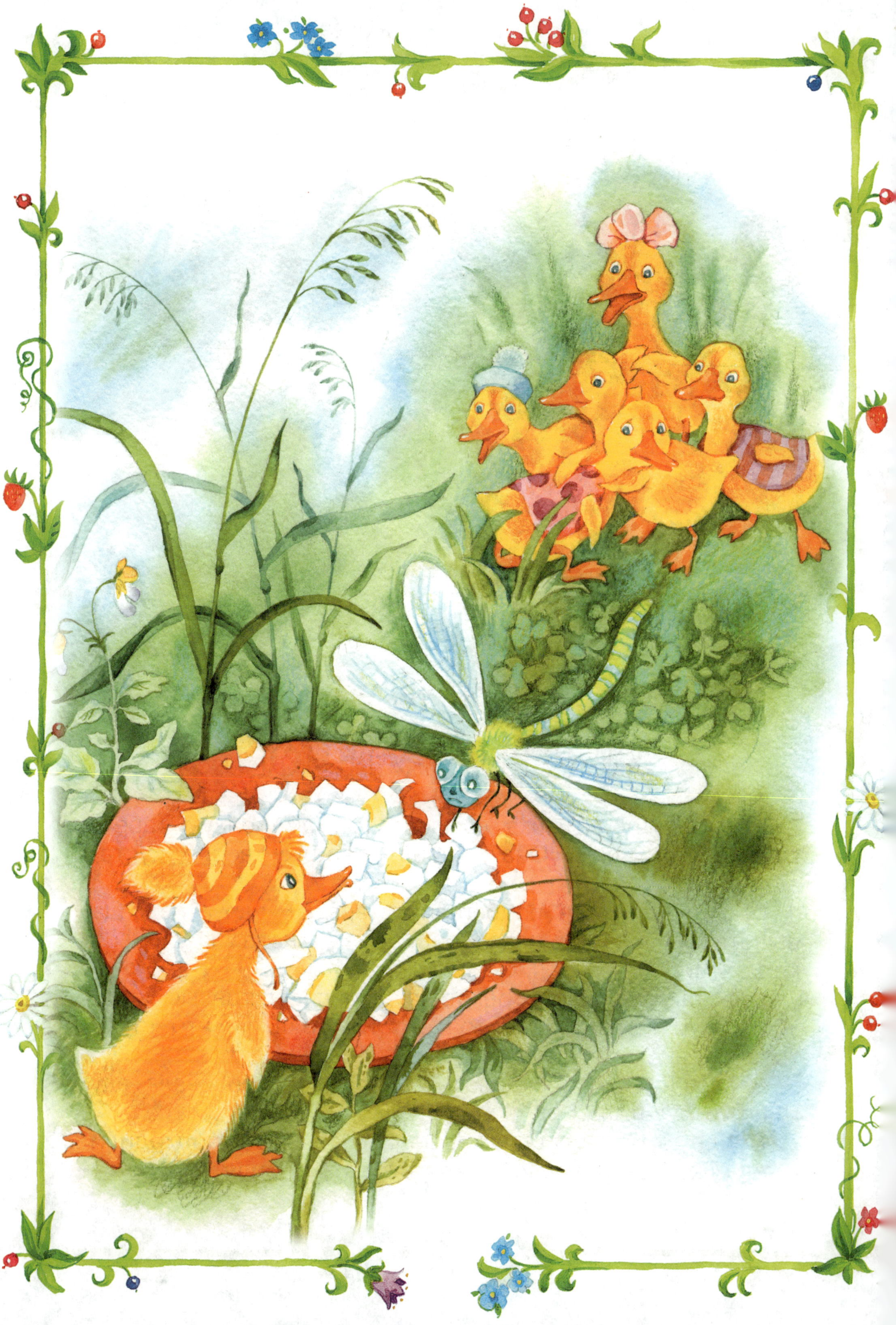

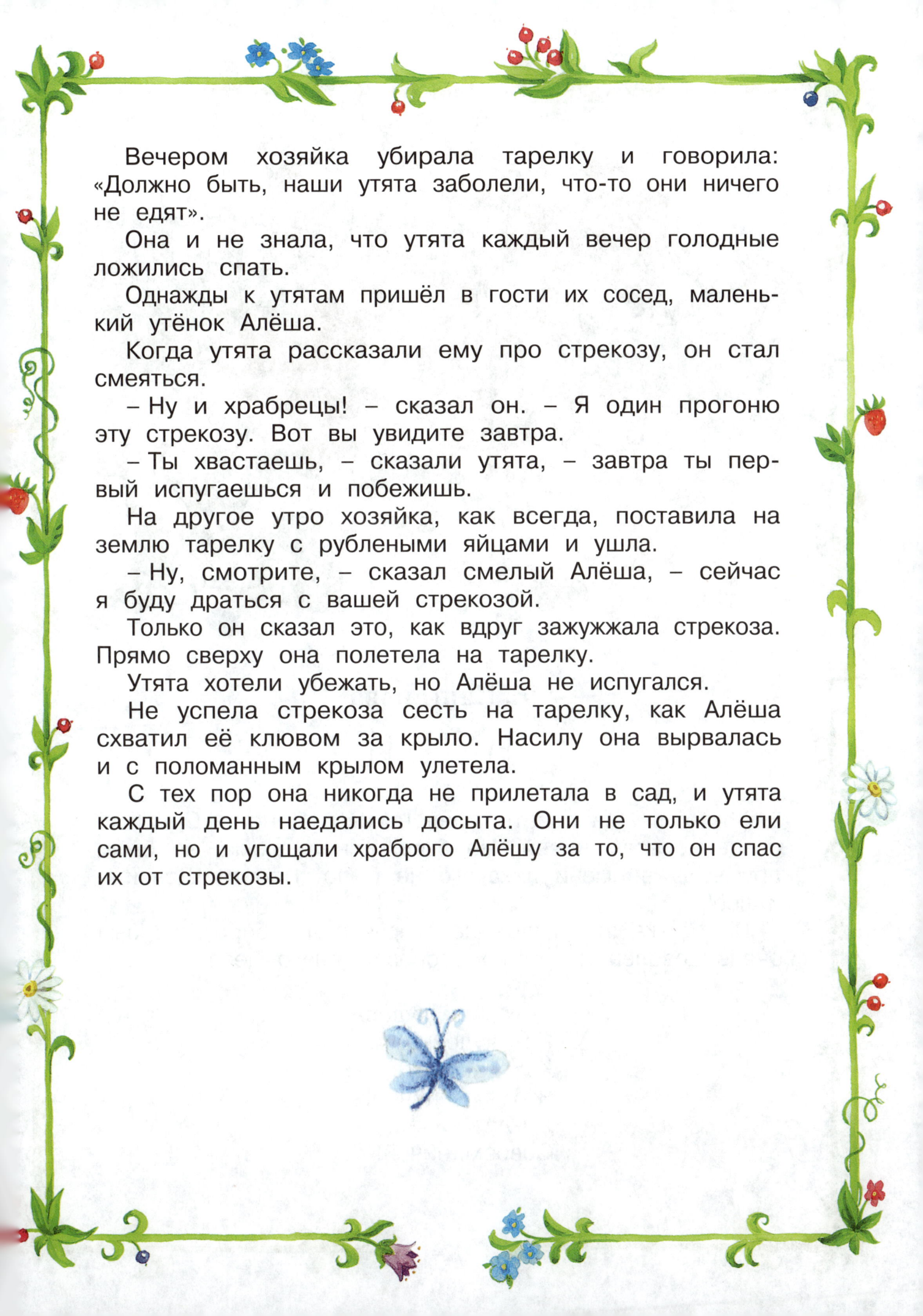

Вечером хозяйка убирала тарелку и говорила: «Должно быть, наши утята заболели, что-то они ничего не едят».

Она и не знала, что утята каждый вечер голодные ложились спать.

Однажды к утятам пришёл в гости их сосед, маленький утёнок Алёша.

Когда утята рассказали ему про стрекозу, он стал смеяться.

– Ну и храбрецы! – сказал он. – Я один прогоню эту стрекозу. Вот вы увидите завтра.

– Ты хвастаешь, – сказали утята, – завтра ты первый испугаешься и побежишь.

На другое утро хозяйка, как всегда, поставила на землю тарелку с рублеными яйцами и ушла.

– Ну, смотрите, – сказал смелый Алёша, – сейчас я буду драться с вашей стрекозой.

Только он сказал это, как вдруг зажужжала стрекоза. Прямо сверху она полетела на тарелку.

Утята хотели убежать, но Алёша не испугался.

Не успела стрекоза сесть на тарелку, как Алёша схватил её клювом за крыло. Насилу она вырвалась и с поломанным крылом улетела.

С тех пор она никогда не прилетала в сад, и утята каждый день наедались досыта. Они не только ели сами, но и угощали храброго Алёшу за то, что он спас их от стрекозы.

Е. Карганова

НИЧЕЙ

Жил-был на свете маленький Щенок. Он был совсем-совсем ничей. Не было у него дома, не было друга, даже имени никакого не было. Просто Щенок – и всё!

Но Щенка это ничуть не огорчало. Наоборот, он был очень доволен и громко распевал такую песенку:

– Ах, как чудесно,
Как чудесно,
Как замечательно,
Что я – ничей,
Да-да, ничей,
Совсем ничей!

Мне слушать старших,
Слушать старших
Необязательно,
И мне не надо –
Да-да, не надо –
Иметь друзей!

Большой белый Гусь услышал песенку Щенка и покачал головой:

– Не такая уж это большая радость, когда ты – ничей! Каждый должен быть кому-то нужен. Без этого нельзя!

Но маленький Щенок не обратил на его слова никакого внимания. Он даже не повернул голову в сторону Гуся, хотя это было совсем невежливо. Он свернул хвост бубликом и сделал вид, что ничего не слышит.

– Могу пойти туда! – И Щенок прыгнул вправо. – Могу пойти сюда! – И он прыгнул влево. – А могу перебежать дорогу перед самым носом у грузовика!

Так сказал Щенок и недолго думая бросился наперерез зелёному грузовику.

— Би-и-ип! Вж-ж-ж! — со скрежетом и свистом на полном ходу затормозил грузовик.

Щенок взвизгнул, и в тот же миг большая рыжая Кошка схватила его за шиворот и потащила прочь с дороги.

— Отпустите! Сейчас же отпустите меня! — отчаянно визжал Щенок, пытаясь вырваться.

Но добрая рыжая Кошка отпустила его только тогда, когда они оказались в безопасном месте.

Едва почувствовав под ногами землю, Щенок затопал, возмущённо замахал хвостом и закричал:

— Не смейте таскать меня за шиворот! Я не котёнок! Я не ваш! Я ничей!

— Очень жаль! — тихо сказала Кошка и сочувственно посмотрела на маленького забияку.

— Вот ещё! — тявкнул Щенок, гордо поднял голову и прошёл мимо Кошки.

Светило жаркое солнце, зеленела трава, щебетали птицы. Щенок уже забыл о недавнем происшествии и беззаботно скакал по лужайке, гоняясь за собственным хвостом. Однако это занятие ему скоро надоело, и он стал слоняться по двору просто так.

Под большим деревом он увидел Крольчиху. Она кормила Крольчонка зелёными веточками. А Крольчонок шевелил пушистыми ушами, смешно дёргал носом и перебирал веточки, выискивая те, что были потоньше и повкуснее.

Щенок подошёл поближе, понюхал ветки и презрительно фыркнул:

– На первое – трава, на второе – дрова!

Крольчиха удивлённо посмотрела на Щенка и сказала:

– Ты не очень-то вежлив, малыш! Ты даже не поздоровался. Чей ты?

– Здрасте – до свидания! – кривляясь, поклонился Щенок и, вызывающе взглянув на Крольчиху, добавил: – Ничей я, понятно?!

– Ах, бедняжка! – вздохнула Крольчиха и ласково погладила по голове своего Крольчонка.

А Щенок подбросил вверх задние ноги и кубарем покатился с горки, озорно выкрикивая на ходу:

– Кролик, кролик – голова!
Вместо мяса ест дрова! Э-эх, гав!

Он так стремительно нёсся, что чуть не сшиб с ног Утку с утятами. Вовремя отскочив в сторону, Щенок спрятался в кусты и оттуда стал подглядывать за утиным семейством.

Утка подошла к берегу пруда, взяла одного утёнка на крылышко и подтолкнула к воде.

— Эй-эй-эй! — залаял на Утку Щенок, выскочив из-за куста. — Не смейте бросать их в воду! Это вам не камушки!

И, не дожидаясь ответа, бросился к утятам.

— Она же вас утопит! — кричал он. — Бегите, пока не поздно! Я её задержу! Тяв! Тяв-тяв! Тяв! — грозно залаял он на Утку.

Утка внимательно посмотрела на Щенка и пожала плечами.

А утята дружно запищали, быстро-быстро замахали крохотными крылышками и побежали в воду.

— Эй! Куда вы? — пытался остановить их Щенок, но, испугавшись воды, отскочил в сторону. — Ведь утонете же, растяпы! — в отчаянии топнул он лапой.

И в самом деле, утята качнулись на воде, как маленькие жёлтые кораблики, и словно по команде пошли под воду…

— Эх, лютики-одуванчики! Всё! Конец! — безнадёжно махнул Щенок лапой и с ненавистью посмотрел на Утку.

Но Утка не обиделась. Она подошла к Щенку, тронула его за плечо и кивнула в сторону пруда.

Там, беззаботно раскачиваясь на лёгких волнах, плавали утята. Щенок от удивления разинул рот.

— Ты зря беспокоился, малыш! — сказала Утка. — Как тебя зовут? — спросила она Щенка.

— Никак! — буркнул он в ответ.

— А где ты живёшь?

— Нигде!

— А кто твои родные, друзья? — продолжала расспрашивать Утка.

— Никто, — огрызнулся Щенок.

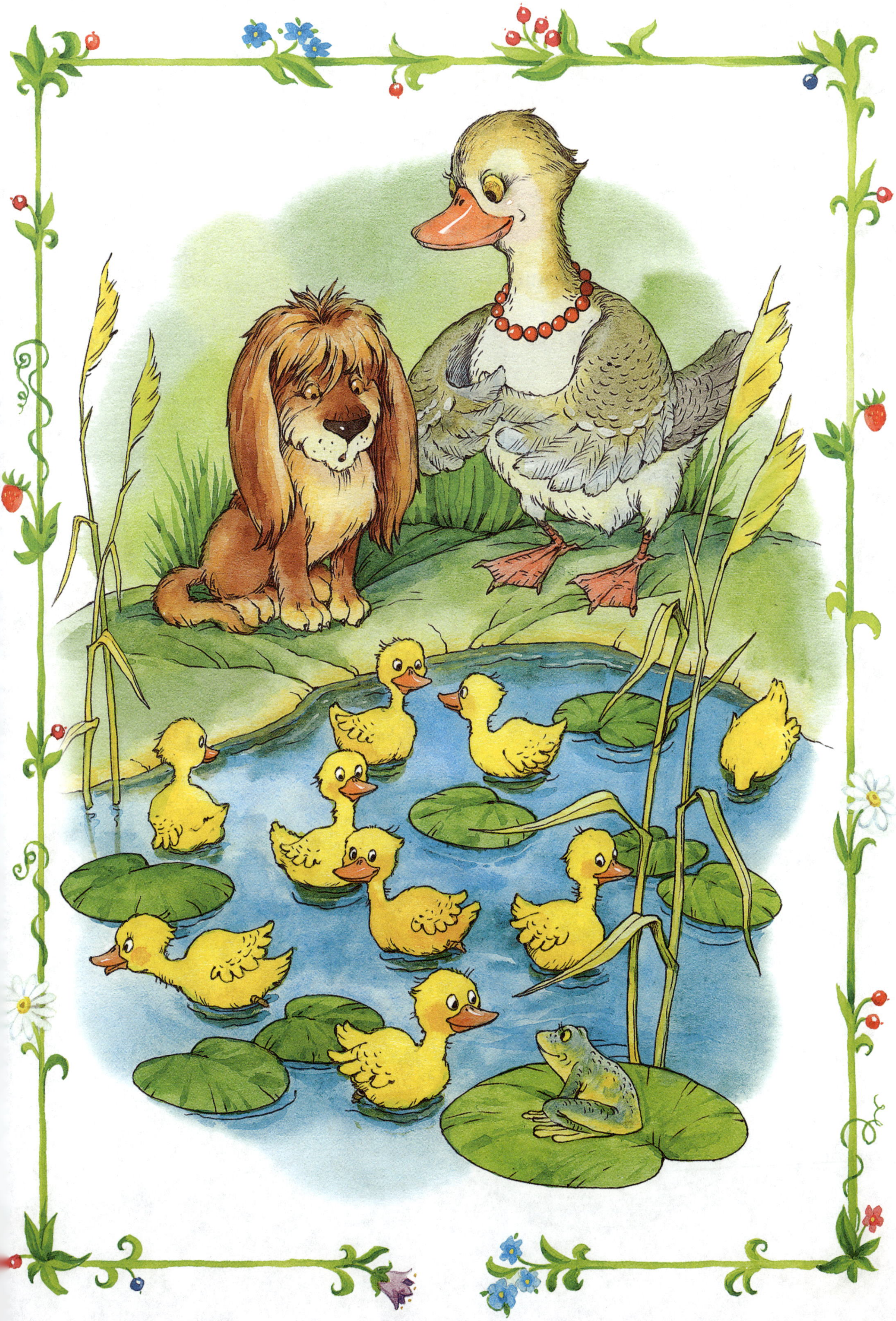

– Ка-ак?! – всплеснула крыльями Утка. – Значит, ты – ничей?!

– Ага! Ничей! – хвастливо воскликнул Щенок и от восторга завертелся волчком.

Утка совершенно не могла понять, чему радуется этот маленький глупенький Щенок, и очень дружелюбно предложила:

– Хочешь дружить с моими утятами? Поплавай с ними в пруду!

– Купаться?! – возмутился Щенок. – Ха! Да я никогда в жизни не купался! И никакие друзья мне не нужны! – решительно заявил он и, презрительно вильнув хвостом, побежал прочь, громко распевая:

– Ах, как чудесно,
Как чудесно,
Как замечательно,
Что я – ничей,
Да-да, ничей,
Совсем ничей!
Мне слушать старших,
Слушать старших
Необязательно,
И мне не надо –
Да-да, не надо –
Иметь друзей!..

В общем, у Щенка было отличное настроение. Но птичка, маленькая жёлтая птичка, в один миг испортила его. Она сидела на ветке и кормила мошками-букашками своих ненасытных птенцов.

Щенок взглянул на них и облизнулся. Ему вдруг очень захотелось есть. Пошарив в траве, он нашёл кустик, отгрыз веточку, пожевал её – ведь ел же ветки маленький Кролик! – но тут же плюнул: «Фу!»

Щенок тоскливо посмотрел вокруг, потянул носом, почувствовал какой-то удивительный запах... и помчался разыскивать еду.

Голубая миска, до краёв наполненная молоком, стояла недалеко от крыльца. Рядом никого не было. Щенок решительно подошёл к миске, понюхал молоко – и от удовольствия закатил глаза: вкусно! Потом он макнул в молоко лапу и лизнул её. Очень вкусно!

Теперь главное – чтобы никто не помешал! Он уселся перед миской поудобнее, но тут...

– Хи-хи! Хи-хи-хи! – засмеялся кто-то совсем рядом.

Щенок обернулся – сзади стоял рыженький Котёнок.

– Чего хихикаешь? – тявкнул на него Щенок.

– Просто так!

Котёнок шагнул к миске, но Щенок со всей силой ударил по ней лапой:

– А я вот так!

Миска опрокинулась, и молоко широкой лужей растеклось по земле.

– Мя-а-у! Ма-а! – громко заплакал от обиды рыженький Котёнок и побежал под крыльцо.

Щенок на всякий случай бросился наутёк...

Светлое тёплое утро сменил жаркий полдень.

Словно огромное раскалённое колесо, висело на небе солнце. Маленький Щенок пытался от него скрыться под листом лопуха, в траве, за большим камнем, но солнечные лучи настигали его всюду.

Щенок разозлился. Он громко тявкнул на солнце и побежал. Он решил, что солнце ни за что его не поймает! Но не тут-то было! Бежал Щенок — и катилось по небу солнце. Щенок остановился — и солнце застыло прямо над самой его головой.

— Ну, погоди! — погрозил ему Щенок и вскочил на песочную кучу.

Через секунду вихри песка полетели в воздух!

— Р-р-р! Р-р-р! — сердито рычал Щенок и раскидывал песок передними и задними лапами.

Наконец он совершенно выбился из сил, остановился, взглянул на солнце и... обомлел.

Небо затянуто серой дымкой. Солнце потускнело, стало гаснуть, и через минуту на его месте появилась огромная чёрная туча. И тут же большущая водяная капля шлёпнулась Щенку на нос! За первой каплей на землю упало ещё несколько, а через минуту сосчитать их было уже невозможно. Начался ливень!

Под крыльцо! Не раздумывая, он бросился через весь двор, но вдруг остановился, помчался обратно — и снова остановился, жалобно заскулил и остался стоять посреди двора под проливным дождём.

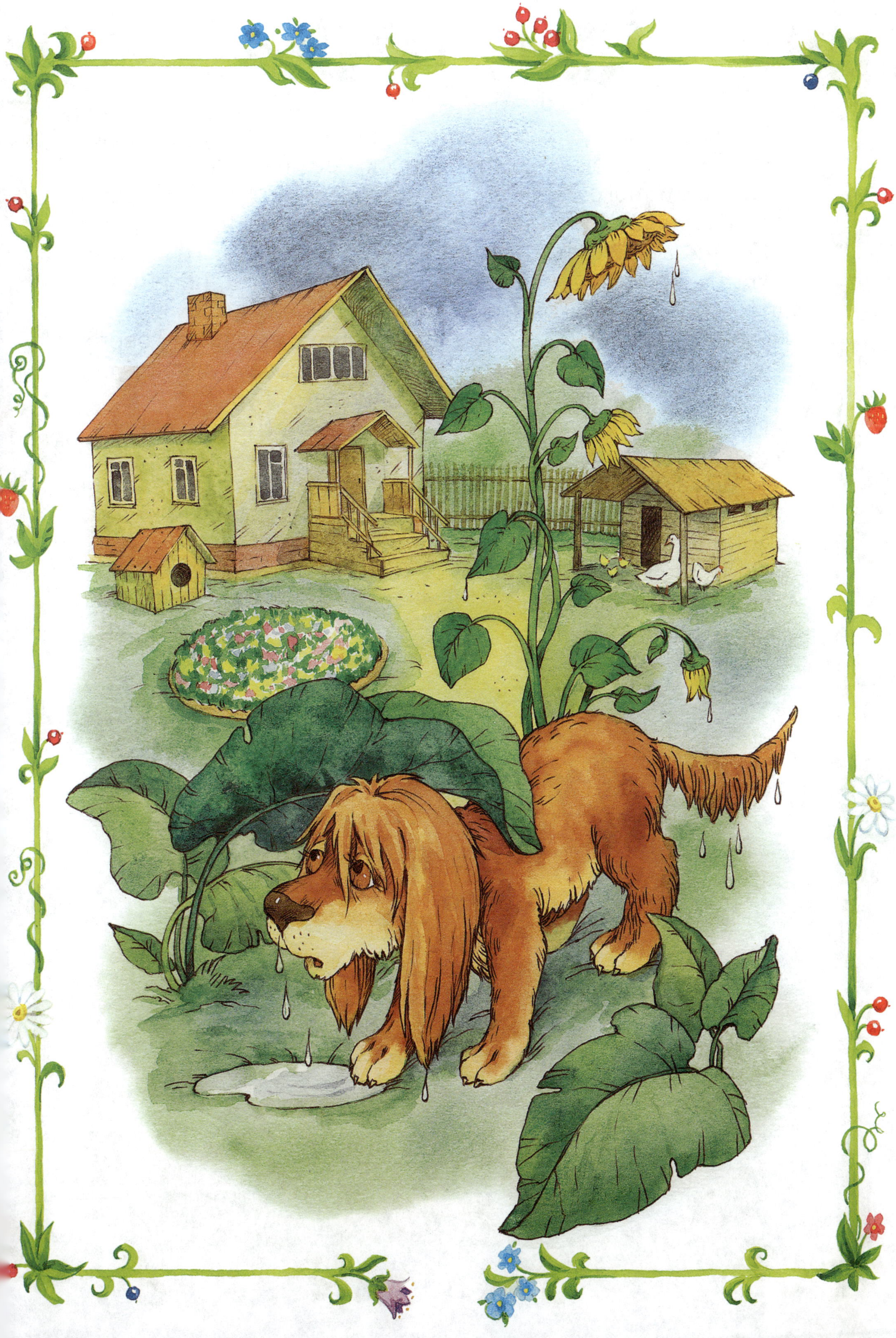

Ни под крыльцо к рыжей Кошке, ни в клетку к Крольчихе, ни под корыто к Утке Щенок пойти не мог.

Он всем нагрубил, всех обидел, а Котёнка оставил без обеда. Дождь лил всё сильнее и сильнее.

Потоки воды стекали с маленького продрогшего Щенка. Идти ему было некуда, и некому было о нём подумать: ведь Щенок был совсем-совсем ничей. И вдруг... «Неужели кончился дождь?!» Щенок взглянул вверх и увидел над собой белое крыло. Он сразу узнал Гуся.

— Ты не возражаешь? — спросил его Гусь.

Промокший до последней шерстинки Щенок виновато замотал головой.

— Идём! — решительно заявил Гусь и быстро зашагал по двору. Под его крылом, не отставая ни на шаг, семенил продрогший Щенок.

Проходя мимо кроличьей клетки, Гусь замедлил шаг и вежливо поклонился.

— Добрый день, матушка Крольчиха! — сказал он и посмотрел под крыло на Щенка.

— Добрый день, матушка Крольчиха! — едва слышно повторил Щенок и тоже поклонился.

— Здравствуй, дружок! — приветливо ответила Крольчиха и улыбнулась.

Гусь зашагал дальше. За ним послушно следовал маленький Щенок.

Небо постепенно прояснилось, дождь утих.

В нарядной жёлтой будке с зелёной крышей жил огромный красивый пёс Полкан.

Гусь вытянул шею и постучал клювом по крыше. Ждать пришлось недолго. Полкан выглянул из будки и добродушно пробасил:

— Р-р-рад! Очень р-рад! Здр-р-равствуйте! Добро пожаловать!

Он протянул большую мохнатую лапу и поманил Щенка. Тот вопросительно взглянул на Гуся и, получив разрешение, вышел из-под крыла.

– Здравствуйте, – сказал он Полкану и подошёл к будке. Прежде чем войти в неё, Щенок посмотрел на Полкана и спросил: – Теперь я буду ваш? И буду здесь жить? Насовсем?

Полкан захохотал, сгрёб Щенка в охапку и сунул под мышку:

– Насовсем!

Маленький Щенок выглянул из-под мохнатой морды Полкана и очень серьёзно сказал:

– Не такая уж это большая радость, когда ты – ничей! Каждый должен быть кому-то нужен. Без этого нельзя!

В. Осеева

ВОЛШЕБНОЕ СЛОВО

Маленький старичок с длинной седой бородой сидел на скамейке и зонтиком чертил что-то на песке.

– Подвиньтесь, – сказал ему Павлик и присел на край.

Старик подвинулся и, взглянув на красное, сердитое лицо мальчика, сказал:

– С тобой что-то случилось?

– Ну и ладно! А вам-то что? – покосился на него Павлик.

– Мне ничего. А вот ты сейчас кричал, плакал, ссорился с кем-то...

– Ещё бы! – сердито буркнул мальчик. – Я скоро совсем убегу из дому.

– Убежишь?

— Убегу! Из-за одной Ленки убегу. — Павлик сжал кулаки. — Я ей сейчас чуть не поддал хорошенько! Ни одной краски не даёт! А у самой сколько!..

— Не даёт? Ну, из-за этого убегать не стоит.

— Не только из-за этого. Бабушка за одну морковку из кухни меня прогнала... прямо тряпкой, тряпкой...

Павлик засопел от обиды.

— Пустяки! — сказал старик. — Один поругает — другой пожалеет.

— Никто меня не жалеет! — крикнул Павлик. — Брат на лодке едет кататься, а меня не берёт. Я ему говорю: «Возьми лучше, всё равно я от тебя не отстану, вёсла утащу, сам в лодку залезу!»

Павлик стукнул кулаком по скамейке. И вдруг замолчал.

— Что же, не берёт тебя брат?

— А почему вы всё спрашиваете?

Старик разгладил длинную бороду:

— Я хочу тебе помочь. Есть такое волшебное слово...

Павлик раскрыл рот.

— Я скажу тебе это слово. Но помни: говорить его надо тихим голосом, глядя прямо в глаза тому, с кем говоришь. Помни — тихим голосом, глядя прямо в глаза...

— А какое слово?

Старик наклонился к самому уху мальчика. Мягкая борода его коснулась Павликовой щеки. Он прошептал что-то и громко добавил:

— Это волшебное слово. Но не забудь, как нужно говорить его.

— Я попробую, — усмехнулся Павлик, — я сейчас же попробую.

Он вскочил и побежал домой.

Лена сидела за столом и рисовала. Краски — зелёные, синие, красные — лежали перед ней. Увидев Павлика, она сейчас же сгребла их в кучу и накрыла рукой.

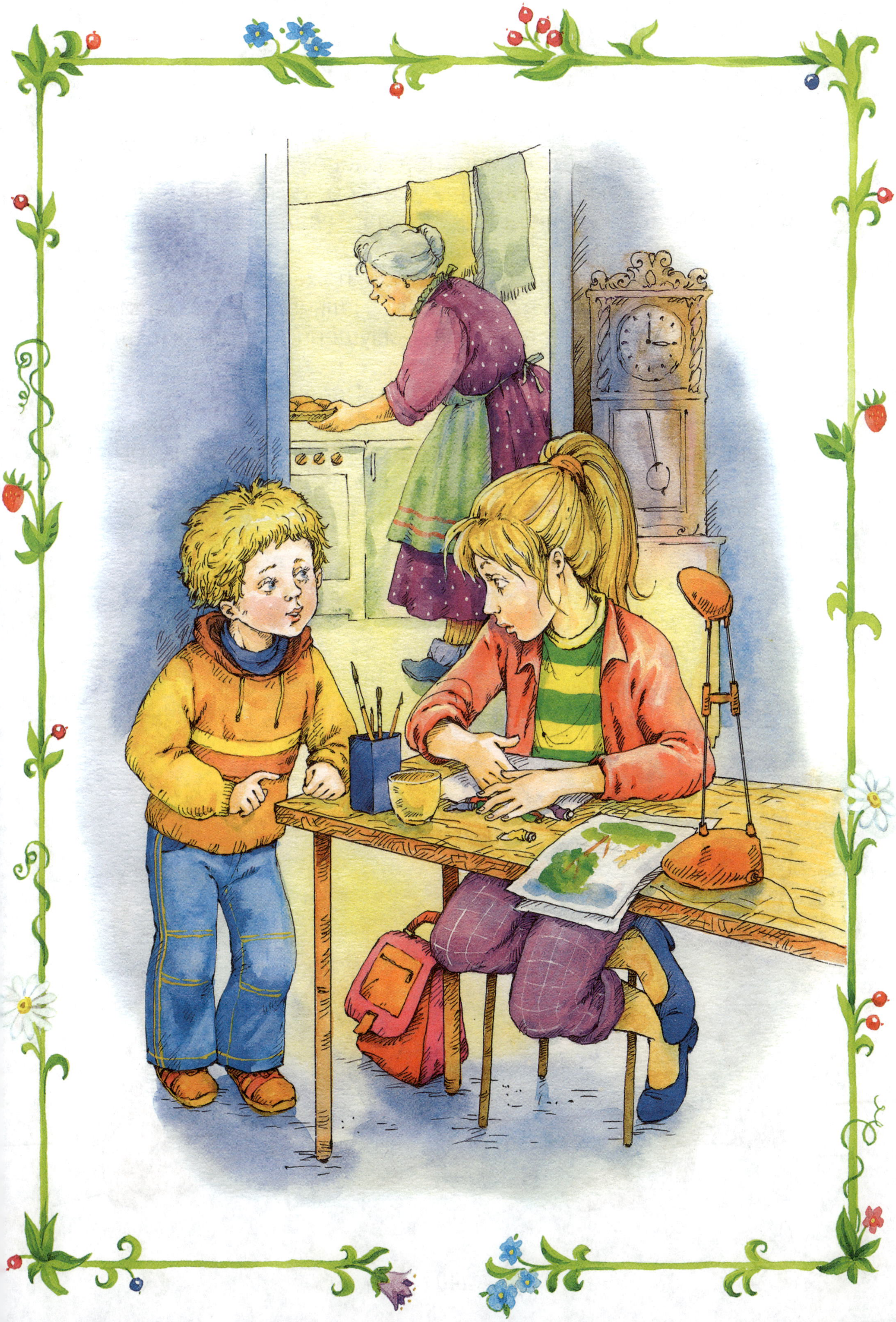

«Обманул старик! – с досадой подумал мальчик. – Разве такая поймёт волшебное слово!..»

Павлик боком подошёл к сестре и потянул её за рукав. Сестра оглянулась. Тогда, глядя ей в глаза, тихим голосом мальчик сказал:

– Лена, дай мне одну краску… пожалуйста…

Лена широко раскрыла глаза. Пальцы её разжались, и, снимая руку со стола, она смущённо пробормотала:

– Ка-кую тебе?

– Мне синюю, – робко сказал Павлик.

Он взял краску, подержал её в руках, походил с нею по комнате и отдал сестре. Ему не нужна была краска. Он думал теперь только о волшебном слове.

«Пойду к бабушке. Она как раз стряпает. Прогонит или нет?»

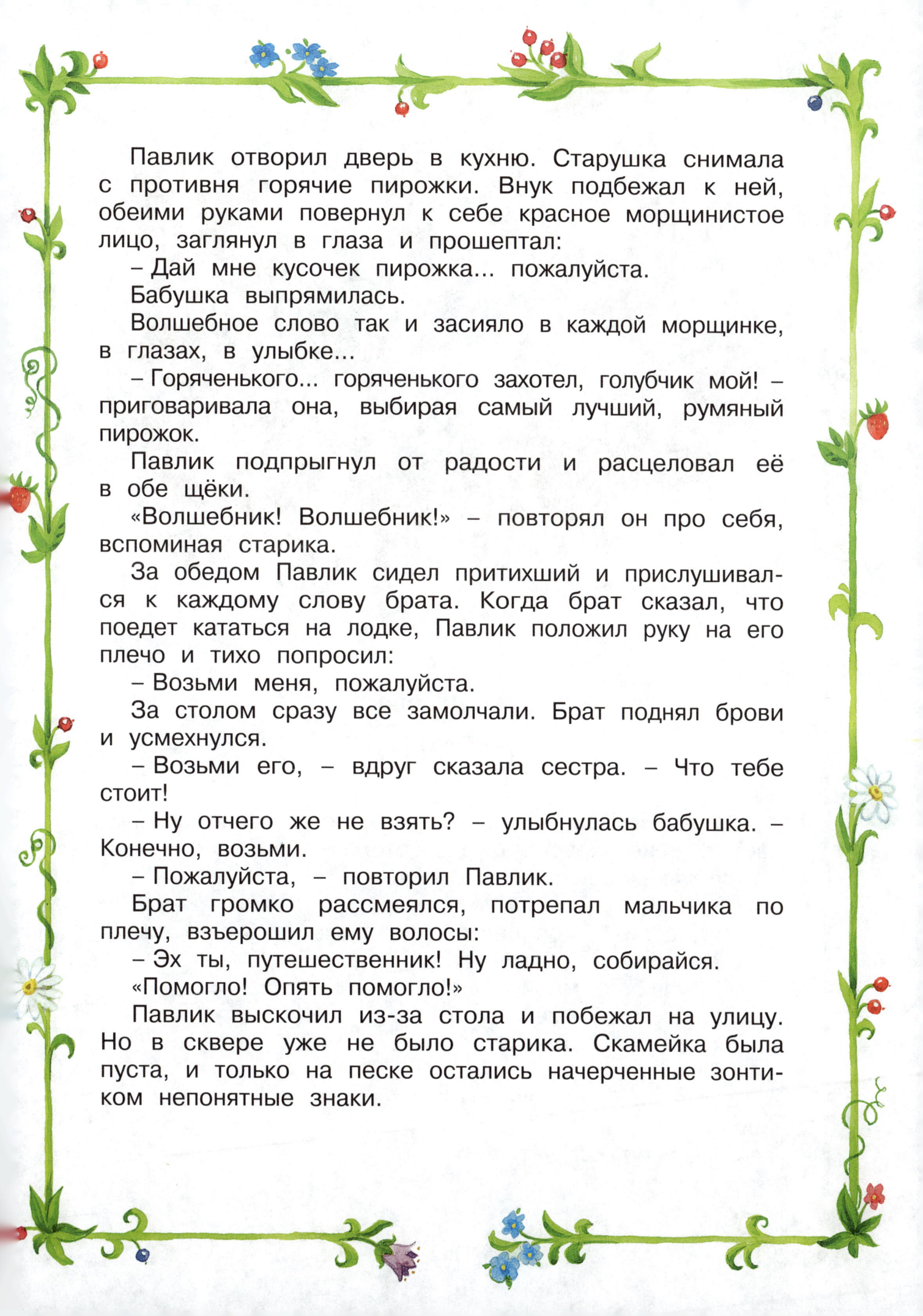

Павлик отворил дверь в кухню. Старушка снимала с противня горячие пирожки. Внук подбежал к ней, обеими руками повернул к себе красное морщинистое лицо, заглянул в глаза и прошептал:

– Дай мне кусочек пирожка... пожалуйста.

Бабушка выпрямилась.

Волшебное слово так и засияло в каждой морщинке, в глазах, в улыбке...

– Горяченького... горяченького захотел, голубчик мой! – приговаривала она, выбирая самый лучший, румяный пирожок.

Павлик подпрыгнул от радости и расцеловал её в обе щёки.

«Волшебник! Волшебник!» – повторял он про себя, вспоминая старика.

За обедом Павлик сидел притихший и прислушивался к каждому слову брата. Когда брат сказал, что поедет кататься на лодке, Павлик положил руку на его плечо и тихо попросил:

– Возьми меня, пожалуйста.

За столом сразу все замолчали. Брат поднял брови и усмехнулся.

– Возьми его, – вдруг сказала сестра. – Что тебе стоит!

– Ну отчего же не взять? – улыбнулась бабушка. – Конечно, возьми.

– Пожалуйста, – повторил Павлик.

Брат громко рассмеялся, потрепал мальчика по плечу, взъерошил ему волосы:

– Эх ты, путешественник! Ну ладно, собирайся.

«Помогло! Опять помогло!»

Павлик выскочил из-за стола и побежал на улицу. Но в сквере уже не было старика. Скамейка была пуста, и только на песке остались начерченные зонтиком непонятные знаки.

В. Осеева

ХОРОШЕЕ

Проснулся Юрик утром. Посмотрел в окно. Солнце светит. Денёк хороший. И захотелось мальчику самому что-нибудь хорошее сделать.

Вот сидит он и думает:

«Что, если б моя сестрёнка тонула, я бы её спас!»

А сестрёнка тут как тут:

— Погуляй со мной, Юра!

— Уходи, не мешай думать!

Обиделась сестрёнка, отошла.

А Юра думает:

«Вот если б на няню волки напали, я бы их застрелил!»

А няня тут как тут:

– Убери посуду, Юрочка.
– Убери сама – некогда мне!

Покачала головой няня. А Юра опять думает:

«Вот если б Трезорка в колодец упал, а я бы его вытащил!»

А Трезорка тут как тут. Хвостом виляет: «Дай мне попить, Юра!»

– Пошёл вон! Не мешай думать!

Закрыл Трезорка пасть, полез в кусты. А Юра к маме пошёл:

– Что бы мне такое хорошее сделать?

Погладила мама Юру по голове:

– Погуляй с сестрёнкой, помоги няне посуду убрать, дай водички Трезору.

Л. Пантелеев

БУКВА «ТЫ»

Учил я когда-то одну маленькую девочку читать и писать. Девочку звали Иринушка, было ей четыре года и пять месяцев, и была она большая умница. За каких-нибудь десять дней мы одолели с ней всю русскую азбуку, могли даже свободно читать и «папа», и «мама», и «Саша», и «Маша», и оставалась одна только самая последняя буква – «я».

И тут вот, на этой последней буковке, мы вдруг с Иринушкой и споткнулись.

Я, как всегда, показал букву, дал ей как следует её рассмотреть и сказал:

– А вот это, Иринушка, буква «я».

Иринушка с удивлением на меня посмотрела и говорит:
– Ты?

— Почему «ты»? Что за «ты»? Я же сказал тебе: это буква «я».

— Буква «ты»?

— Да не «ты», а «я».

Она ещё больше удивилась и говорит:

— Я и говорю: ты.

— Да не я, а буква «я».

— Не ты, а буква «ты»?

— Ох, Иринушка, Иринушка! Наверно, мы, голубушка, с тобой немного переучились. Неужели ты в самом деле не понимаешь, что это не я, а это буква так называется «я»?

— Нет, — говорит, — почему не понимаю? Я понимаю.

— Что ты понимаешь?

— Это не ты, а буква так называется — «ты».

Фу! Ну в самом деле, ну что ты с ней поделаешь? Как же, скажите на милость, ей объяснить, что я — это не я, ты — это не ты, она — не она и что вообще «я» — это только буква?

— Ну, вот что, — сказал я наконец, — ну, давай скажи как будто про себя: я. Понимаешь? Про себя. Как ты про себя говоришь.

Она поняла как будто. Кивнула. Потом спрашивает:

— Говорить?

— Ну-ну... конечно.

Вижу — молчит. Опустила голову. Губами шевелит.

Я говорю:

— Ну, что же ты?

— Я сказала.

— Я не слышал, что ты сказала.

— Ты же мне велел про себя говорить. Вот я потихоньку и говорю.

— Что же ты говоришь?

Она оглянулась и шёпотом — на ухо мне:

— Ты!..

Я не выдержал, вскочил, схватился за голову и забегал по комнате.

Внутри у меня всё кипело, как вода в чайнике. А бедная Иринушка сидела, склонившись над букварём, искоса посматривала на меня и жалобно сопела. Ей, наверно, было стыдно, что она такая бестолковая.

Но и мне тоже было стыдно, что я – большой человек – не могу научить маленького человека правильно читать такую простую букву, как «я».

Наконец я придумал всё-таки. Я быстро подошёл к девочке, ткнул пальцем в нос и спрашиваю:

– Это кто?

Она говорит:

– Это я.

– Ну вот... Понимаешь? А это буква «я».

Она говорит:

– Понимаю...

А у самой уж, вижу, и губы дрожат, и носик сморщился – вот-вот заплачет.

– Что же ты, – я спрашиваю, – понимаешь?
– Понимаю, – говорит, – что это я.
– Правильно. Молодец. А это вот буква «я». Ясно?
– Ясно, – говорит. – Это буква «ты».
– Да не «ты», а «я»!
– Не я, а ты.
– Не я, а буква «я»!
– Не я, а буква «ты».
– Не буква «ты», господи боже мой, а буква «я»!
– Не буква «я», господи боже мой, а буква «ты»!

Я опять вскочил и опять забегал по комнате.

– Нет такой буквы! – закричал я. – Пойми ты, бестолковая девчонка! Нет и не может быть такой буквы!

Есть буква «я». Понимаешь? Я! Буква «я»! Изволь повторять за мной: я! я! я!..

– Ты, ты, ты, – пролепетала она, едва разжимая губы.

И уронила голову на стол и заплакала. Да так громко и так жалобно, что весь мой гнев сразу остыл. Мне стало жалко её.

– Хорошо, – сказал я. – Как видно, мы с тобой и в самом деле немного заработались. Возьми свои книги и тетрадки – и можешь идти гулять. На сегодня – хватит.

Она кое-как запихала в сумочку своё барахлишко и, ни слова мне не сказав, спотыкаясь и всхлипывая, вышла из комнаты.

А я, оставшись один, задумался: что же делать? Как же мы в конце концов перешагнём через эту проклятую букву «я»?

«Ладно, – решил я. – Забудем о ней. Ну её. Начнём следующий урок прямо с чтения. Может быть, так лучше будет».

И на следующий день, когда Иринушка, весёлая и раскрасневшаяся после игры, пришла на урок, я не стал ей напоминать о вчерашнем, а просто посадил её за букварь, открыл первую попавшуюся страницу и сказал:

– А ну, сударыня, давайте-ка почитайте мне что-нибудь.

Она, как всегда перед чтением, поёрзала на стуле, вздохнула, уткнулась и пальцем и носиком в страницу, пошевелив губами, бегло, не переводя дыхания, прочла:

– Тыкову дали тыблоко.

От удивления я даже на стуле подскочил:

– Что такое?! Какому Тыкову? Какое тыблоко? Что ещё за тыблоко?

Посмотрел в букварь, а там чёрным по белому написано: «Якову дали яблоко». Вам смешно? Я тоже, конечно, посмеялся. А потом говорю:

– Яблоко, Иринушка! Яблоко, а не тыблоко!

Она удивилась и говорит:

— Яблоко? Так, значит, это буква «я»?

Я уже хотел сказать: «Ну конечно, «я»!» А потом спохватился и думаю: «Нет, голубушка. Знаем мы вас. Если я скажу «я», – значит, опять пошло-поехало! Нет, уж сейчас мы на эту удочку не попадёмся».

И я сказал:

— Да, правильно. Это буква «ты».

Конечно, не очень-то хорошо говорить неправду. Даже очень нехорошо говорить неправду. Но что же поделаешь? Если бы я сказал «я», а не «ты», кто знает, чем бы всё это кончилось. И может быть, бедная Иринушка так всю жизнь и говорила бы: вместо «яблоко» – «тыблоко», вместо «ярмарка» – «тырмарка», вместо «якорь» – «тыкорь» и вместо «язык» – «тызык». А Иринушка, слава богу, выросла уже большая, выговаривает все буквы правильно, как полагается, и пишет мне письма без одной ошибки.

Н. Носов

САША

Саша давно просил маму подарить ему пистолет, который стреляет пистонами.

— Зачем тебе такой пистолет? — говорила мама. — Это опасная игрушка.

— Что тут опасного? Если б он пулями стрелял, а то пистонами. Из него всё равно никого не убьёшь.

— Мало ли что может случиться. Пистон отскочит и попадёт тебе в глаз.

— Не попадёт! Я буду зажмуриваться, когда буду стрелять.

— Нет, нет, от этих пистолетов бывают разные неприятные случаи. Ещё выстрелишь да напугаешь кого-нибудь, — сказала мама.

Так и не купила ему пистолета.

А у Саши были две старшие сестры, Маринка и Ирочка. Вот он и стал просить сестёр:

— Миленькие, купите мне пистолетик! Мне так хочется. За это я всегда буду вас слушаться.

— Ты, Сашка, хитренький! — сказала Марина. — Когда тебе надо, так ты подлизываешься и миленькими называешь, а как только мама уйдёт, с тобой и не сладишь.

— Нет, сладишь, сладишь! Вот увидите, как я буду вести себя хорошо.

— Ладно, — сказала Ира. — Мы с Мариной подумаем. Если обещаешь вести себя хорошо, то, может быть, купим.

— Обещаю, обещаю! Всё обещаю, только купите!

На другой день сёстры подарили ему пистолет и коробку с пистонами. Пистолет был новенький и блестящий, а пистонов было много: штук пятьдесят или сто. Стреляй хоть весь день — не перестреляешь. От радости Саша прыгал по комнате, прижимал пистолет к груди, целовал его и говорил:

— Миленький мой, хорошенький пистолетик! Как я тебя люблю!

Потом он нацарапал на ручке пистолета своё имя и начал стрелять. Сразу запахло пистонами, а через полчаса в комнате стало сине от дыма.

— Довольно тебе стрелять, — сказала наконец Ира. — Я каждый раз вздрагиваю от этих выстрелов.

— Трусиха! — ответил Сашка. — Все девчонки — трусихи!

— Вот отнимем у тебя пистолет, тогда узнаешь, какие мы трусихи, — сказала Марина.

— Сейчас я пойду во двор и буду пугать ребят пистолетом, — заявил Сашка.

Он вышел во двор, но ребят во дворе не было. Тогда он побежал за ворота, и вот тут-то случилась эта история. Как раз в это время по улице шла старушка. Сашка подпустил её поближе — и как бабахнет из пистолета! Старушка вздрогнула и остановилась. Потом говорит:

— Уф, как я испугалась! Это ты тут из пистолета палишь?

— Нет, — сказал Сашка и спрятал пистолет за спину.

— Что же, я не вижу, что у тебя пистолет в руках? Ещё врать вздумал, бессовестный! Вот я пойду заявлю в милицию...

Она погрозила пальцем, перешла на другую сторону улицы и скрылась в переулке.

— Вот так штука! — испугался Саша. — Кажется, на самом деле пошла в милицию жаловаться.

Он, запыхавшись, прибежал домой.

— Чего ты запыхался, будто за тобой волк гонится? — спросила Ира.

— Это я так просто.

— Нет, ты уж лучше скажи. Сразу видно, что чего-нибудь натворил.

— Да ничего я не натворил – просто так... Напугал бабку какую-то.

— Какую бабку?

— Ну, «какую, какую»! Обыкновенную. Просто шла по улице бабушка, а я взял да и выстрелил.

— Зачем же ты выстрелил?

— Сам не знаю. Идёт бабушка. «Дай, – думаю, – выстрелю». Ну и выстрелил.

— А она что?

— Ничего. Пошла в милицию жаловаться.

— Вот видишь, обещал вести себя хорошо, а сам что наделал!

— Я же не виноват, что бабка попалась такая пугливая.

— Вот придёт милиционер, он тебе покажет бабку! — пригрозила Ира. — Будешь знать, как людей пугать!

— А как он меня найдёт? Он ведь не знает, где я живу. Даже имени моего не знает.

— Найдёт, будь спокоен! Милиционеры всё знают.

Целый час Саша просидел дома и всё выглядывал в окно — не идёт ли милиционер. Но милиционера не было видно. Тогда он понемногу успокоился, развеселился и сказал:

— Наверно, бабушка меня просто попугать хотела, чтоб я не баловался.

Он решил снова пострелять из своего любимого пистолета и сунул руку в карман. В кармане лежала коробка с пистонами, но пистолета не было. Он полез в другой карман, но и там было пусто. Тогда он принялся искать по всей комнате. Смотрел и под столами, и под диваном. Пистолет исчез, будто провалился сквозь землю. Саше стало обидно до слёз.

— Не успел даже поиграть! — хныкал он. — Такой пистолетик был!

— Может быть, ты его во дворе потерял? — спросила Ира.

— Наверно, я его там, за воротами, выронил, — сообразил Саша.

Он открыл дверь и бросился через двор на улицу. За воротами пистолета не было.

«Ну, теперь его уже нашёл кто-нибудь и взял себе!» — с досадой подумал Саша и тут вдруг увидел, что из переулка напротив вышел милиционер и быстро зашагал через улицу, прямо к Сашиному дому.

«За мной идёт! Видно, бабка таки нажаловалась!» — испугался Саша и стремглав побежал домой.

— Ну, нашёл? — спросили его Маринка и Ирочка.

— Тише! — прошептал Сашка. — Милиционер идёт!

— Куда?

— Сюда, к нам.

— Где ты его видел?

— На улице.

Марина и Ира стали над ним смеяться:

— Эх ты, трусишка! Увидел милиционера и испугался. Может быть, милиционер совсем в другое место идёт.

— Да я вовсе и не боюсь его! — стал храбриться Сашка. — Что мне милиционер! Подумаешь!

Тут за дверью послышались шаги, и вдруг зазвонил звонок. Маринка и Ира побежали открывать дверь. Сашка высунулся в коридор и зашипел:

— Не открывайте ему!

Но Марина уже отворила дверь. На пороге стоял милиционер. Блестящие пуговицы так и сверкали на нём. Сашка опустился на четвереньки и полез под диван.

— Скажите, девочки, где здесь шестая квартира? — послышался голос милиционера.

— Это не здесь, — ответила Ира. — Здесь первая, а шестая — это нужно выйти во двор, а там дверь направо.

— Во дворе, дверь направо? — повторил милиционер.
— Ну да.

Саша понял, что милиционер вовсе не за ним пришёл, и он уже хотел вылезти из-под дивана, но тут милиционер спросил:

— Кстати, не у вас тут живёт мальчик Саша?
— У нас, — ответила Ира.
— А вот он-то мне как раз нужен, — сказал милиционер и вошёл в комнату.

Марина и Ира вошли вместе с милиционером в комнату и увидели, что Сашка куда-то исчез. Марина даже заглянула под диван. Сашка увидел её и молча погрозил ей из-под дивана кулаком, чтобы она не выдавала его.

— Ну, где же ваш Саша? — спросил милиционер.

Девочки очень испугались за Сашу и не знали, что отвечать. Наконец Марина сказала:

— А его, понимаете, дома нет. Он, понимаете, гулять ушёл.

— А что вы про него знаете? — спросила милиционера Ира.

— Что же я знаю! — ответил милиционер. — Знаю, что зовут его Саша. Ещё знаю, что у него был новенький пистолет, а теперь у него этого пистолета нету.

«Всё знает!» — подумал Сашка.

От страха у него даже зачесалось в носу, и он как чихнёт под диваном: «Апчхи!»

— Кто это там? — удивился милиционер.
— А это у нас... Это у нас собака, — соврала Маринка.
— Чего же она под диван забралась?
— А она у нас всегда под диваном спит, — продолжала сочинять Марина.
— Как же её зовут?
— Э... Бобик, — выдумала Маринка и покраснела, как свёкла.

157

– Бобик! Бобик! Фью! – засвистел милиционер. – Почему же она не хочет вылезать? Фью! Фью! Ишь ты, не хочет. А собака хорошая? Какой породы?

– Э... – протянула Маринка. – Э-э... – Она никак не могла вспомнить, какие бывают породы собак. – Порода эта вот... – сказала она. – Как её?.. Хорошая порода... Длинношёрстный фокстерьер!

– О, это замечательная собака! – обрадовался милиционер. – Я знаю. У неё такая волосатая морда.

Он нагнулся и посмотрел под диван. Саша лежал ни жив ни мёртв и во все глаза глядел на милиционера. Милиционер даже свистнул от изумления:

– Так вот тут какой фокстерьер! Ты чего под диван забрался, а? Ну-ка, вылезай, теперь всё равно попался!

– Не вылезу! – заревел Саша.

– Почему?

– Вы меня в милицию заберёте.

– За что?

– За старушку.

– За какую старушку?

– За которую я выстрелил, а она испугалась.

– Не пойму, про какую он тут старушку толкует? – сказал милиционер.

– Он на улице из пистолета стрелял, а мимо шла бабушка и испугалась, – объяснила Ира.

– Ах, вот что! Значит, это его пистолет? – спросил милиционер и достал из кармана новенький, блестящий пистолет.

– Его, его! – обрадовалась Ира. – Это мы с Мариной ему подарили, а он потерял. Где вы его нашли?

– Да вот тут, во дворе, у вашей двери... Ну, признавайся, зачем напугал бабушку? – спросил милиционер и нагнулся к Саше.

– Я нечаянно... – ответил Саша из-под дивана.

– Неправда! По глазам вижу, что неправда. Вот скажи правду – отдам пистолет обратно.

158

— А что мне будет, если я скажу правду?
— Ничего не будет. Отдам пистолет — и всё.
— А в милицию не заберёте?
— Нет.
— Я не хотел напугать бабушку. Только хотел попробовать, испугается она или нет.
— А вот это, братец, нехорошо! За это тебя следовало бы забрать в милицию, да ничего не поделаешь: раз я обещал не забирать — значит, должен исполнить. Только смотри, если ещё раз набедокуришь — обязательно заберу. Ну, вылезай из-под дивана и получай пистолет.
— Нет, я лучше потом вылезу, когда вы уйдёте.
— Вот чудной какой! — усмехнулся милиционер. — Ну, я ухожу.

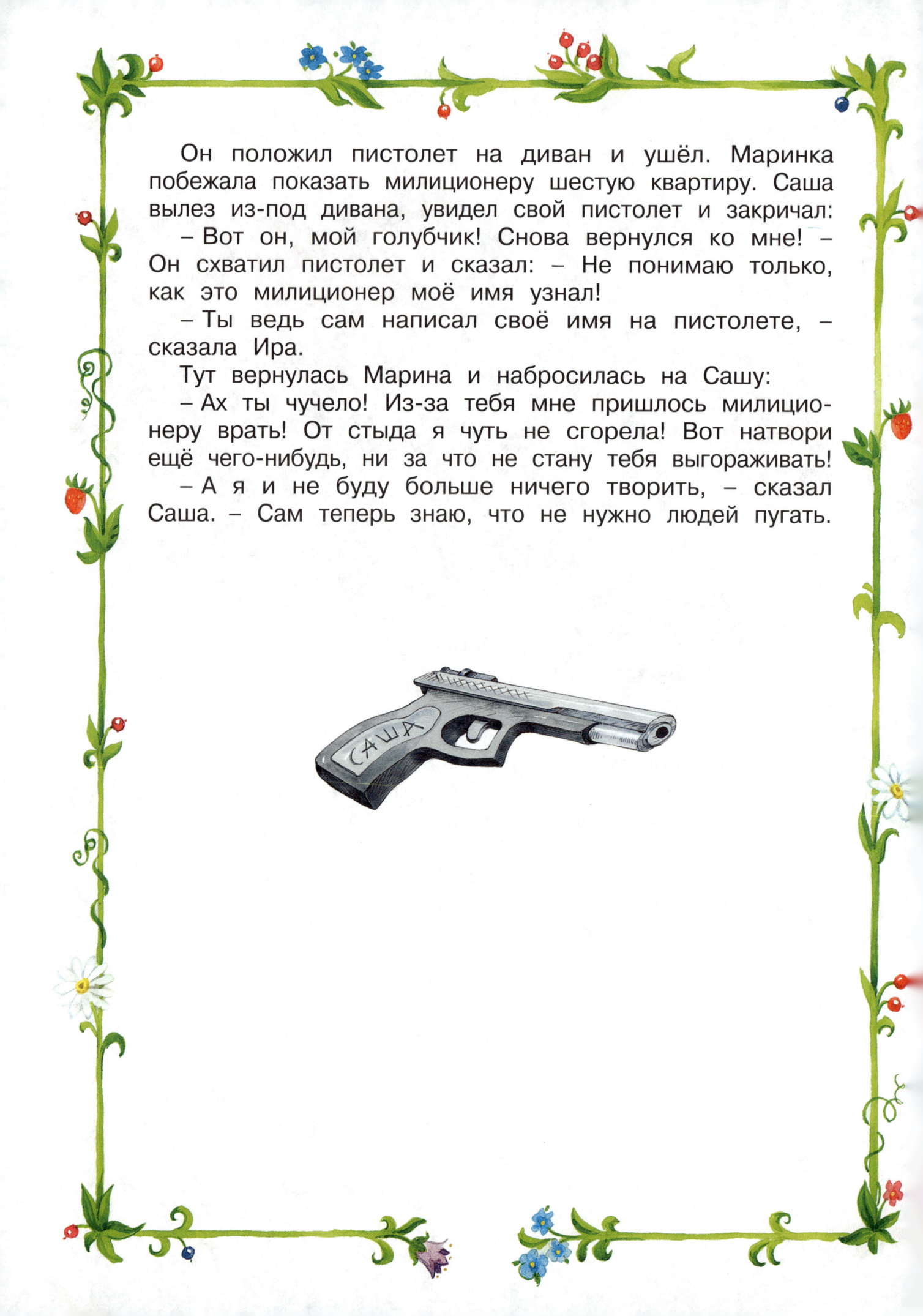

Он положил пистолет на диван и ушёл. Маринка побежала показать милиционеру шестую квартиру. Саша вылез из-под дивана, увидел свой пистолет и закричал:

– Вот он, мой голубчик! Снова вернулся ко мне! – Он схватил пистолет и сказал: – Не понимаю только, как это милиционер моё имя узнал!

– Ты ведь сам написал своё имя на пистолете, – сказала Ира.

Тут вернулась Марина и набросилась на Сашу:

– Ах ты чучело! Из-за тебя мне пришлось милиционеру врать! От стыда я чуть не сгорела! Вот натвори ещё чего-нибудь, ни за что не стану тебя выгораживать!

– А я и не буду больше ничего творить, – сказал Саша. – Сам теперь знаю, что не нужно людей пугать.

Н. Носов

ОГУРЦЫ

Один раз Павлик взял с собой Котьку на реку ловить рыбу. Но в этот день им не повезло: рыба совсем не клевала. Зато когда шли обратно, они забрались в колхозный огород и набрали полные карманы огурцов. Колхозный сторож заметил их и засвистел в свисток. Они от него бежать. По дороге домой Павлик подумал, как бы ему дома не досталось за то, что он лазит по чужим огородам. И он отдал свои огурцы Котьке.

Котька пришёл домой радостный:

— Мама, я тебе огурцов принёс!

Мама посмотрела, а у него полные карманы огурцов, и за пазухой огурцы лежат, и в руках ещё два больших огурца.

— Где ты их взял? — говорит мама.

— На огороде.
— На каком огороде?
— Там, у реки, на колхозном.
— Кто ж тебе позволил?
— Никто, я сам нарвал.
— Значит, украл?
— Нет, не украл, а так просто... Павлик брал, а мне нельзя, что ли? Ну и я взял.

Котька начал вынимать огурцы из карманов.

— Постой, постой! Не выгружай! — говорит мама.

— Почему?

— Сейчас же неси их обратно!

— Куда ж я их понесу? Они на грядке росли, а я сорвал. Всё равно они теперь уже расти не будут.

— Ничего, отнесёшь и положишь на той же грядке, где сорвал.

— Ну, я их выброшу.

— Нет, не выбросишь! Ты их не садил, не растил, не имеешь права и выбрасывать.

Котька стал плакать:

— Там сторож. Он нам свистел, а мы убежали.

— Вот видишь, что делаете! А если б он поймал вас?

— Он не догнал бы. Он уже старенький дедушка.

— Ну как тебе не стыдно! — говорит мама. — Ведь дедушка за эти огурцы отвечает. Узнают, что огурцы пропали, скажут, что дедушка виноват. Хорошо будет?

Мама стала совать огурцы обратно Котьке в карман. Котька плакал и кричал:

— Не пойду я! У дедушки ружьё. Он выстрелит и убьёт меня.

— И пусть убьёт! Пусть лучше у меня совсем не будет сына, чем будет сын вор.

— Ну, пойдём со мной, мамочка! На дворе темно. Я боюсь.

— А брать не боялся?

Мама дала Котьке в руки два огурца, которые не поместились в карманах, и вывела его за дверь.

— Или неси огурцы, или совсем уходи из дому, ты мне не сын!

Котька повернулся и медленно-медленно пошёл по улице.

Уже было совсем темно.

«Брошу их тут, в канаву, а скажу, что отнёс, — решил Котька и стал оглядываться вокруг. — Нет, отнесу: ещё кто-нибудь увидит и дедушке из-за меня попадёт».

Он шёл по улице и плакал. Ему было страшно.

«Павлику хорошо! – думал Котька. – Он мне свои огурцы отдал, а сам дома сидит. Ему небось не страшно».

Вышел Котька из деревни и пошёл полем. Вокруг не было ни души. От страха он не помнил, как добрался до огорода. Остановился возле шалаша, стоит и плачет всё громче и громче. Сторож услышал и подошёл к нему.

– Ты чего плачешь? – спрашивает.

– Дедушка, я принёс огурцы обратно.

– Какие огурцы?

– А которые мы с Павликом нарвали. Мама сказала, чтоб я отнёс обратно.

– Вот оно какое дело! – удивился сторож. – Это, значит, я вам свистел, а вы всё-таки огурцы-то стащили. Нехорошо!

– Павлик брал, и я взял. Он мне и свои огурцы отдал.

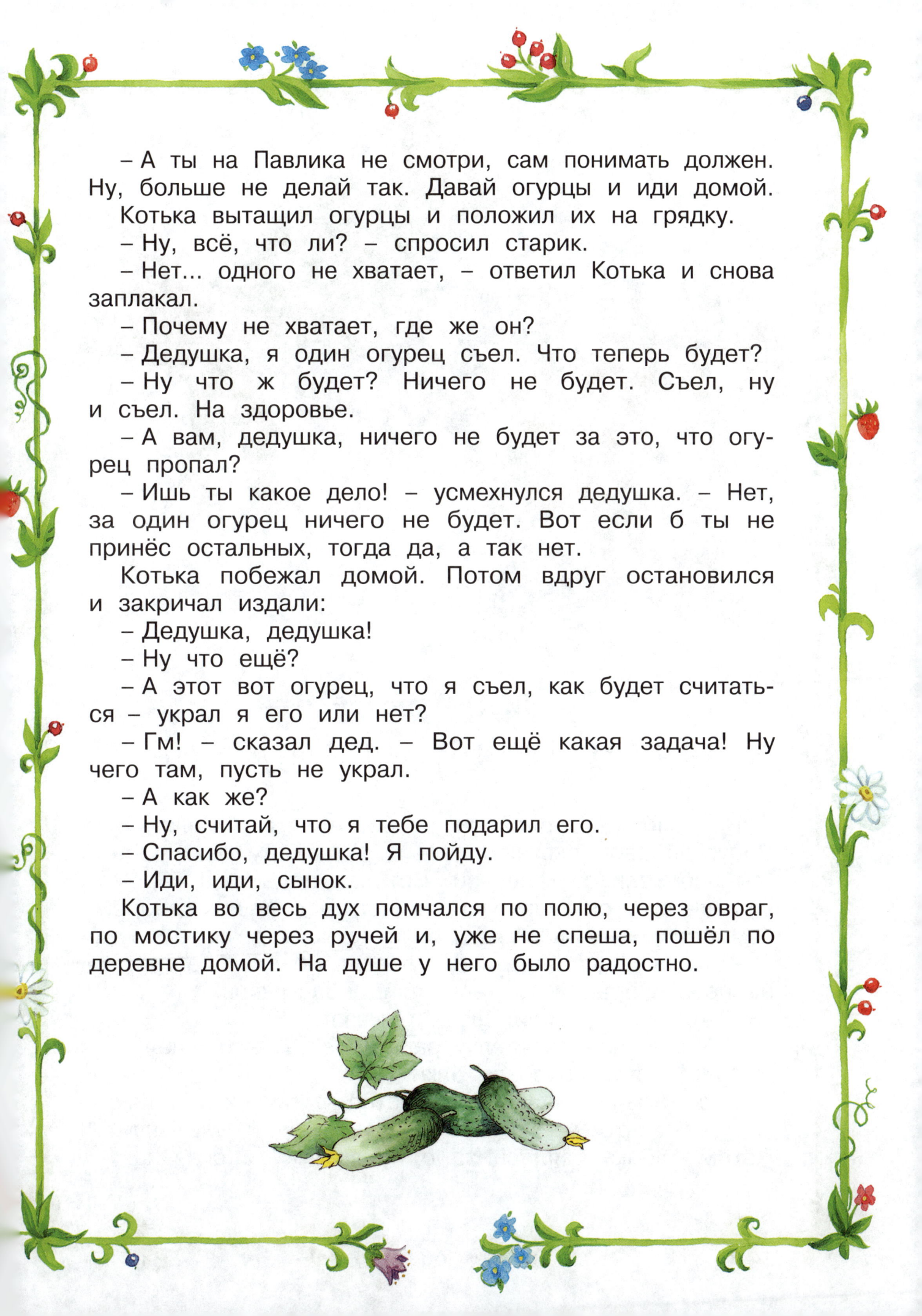

— А ты на Павлика не смотри, сам понимать должен. Ну, больше не делай так. Давай огурцы и иди домой.

Котька вытащил огурцы и положил их на грядку.

— Ну, всё, что ли? — спросил старик.

— Нет... одного не хватает, — ответил Котька и снова заплакал.

— Почему не хватает, где же он?

— Дедушка, я один огурец съел. Что теперь будет?

— Ну что ж будет? Ничего не будет. Съел, ну и съел. На здоровье.

— А вам, дедушка, ничего не будет за это, что огурец пропал?

— Ишь ты какое дело! — усмехнулся дедушка. — Нет, за один огурец ничего не будет. Вот если б ты не принёс остальных, тогда да, а так нет.

Котька побежал домой. Потом вдруг остановился и закричал издали:

— Дедушка, дедушка!

— Ну что ещё?

— А этот вот огурец, что я съел, как будет считаться — украл я его или нет?

— Гм! — сказал дед. — Вот ещё какая задача! Ну чего там, пусть не украл.

— А как же?

— Ну, считай, что я тебе подарил его.

— Спасибо, дедушка! Я пойду.

— Иди, иди, сынок.

Котька во весь дух помчался по полю, через овраг, по мостику через ручей и, уже не спеша, пошёл по деревне домой. На душе у него было радостно.

В. Драгунский

ЗАКОЛДОВАННАЯ БУКВА

Недавно мы гуляли во дворе: Алёнка, Мишка и я. Вдруг во двор въехал грузовик. А на нём лежит ёлка. Мы побежали за машиной. Вот она подъехала к домоуправлению, остановилась, и шофёр с нашим дворником стали ёлку выгружать. Они кричали друг на друга:

– Легче! Давай заноси! Правея! Левея! Становь её на попа! Легче, а то весь шпиц обломаешь.

И когда выгрузили, шофёр сказал:

– Теперь надо эту ёлку заактировать, – и ушёл.

А мы остались возле ёлки.

Она лежала большая, мохнатая и так вкусно пахла морозом, что мы стояли как дураки и улыбались. Потом Алёнка взялась за одну веточку и сказала:

– Смотрите, а на ёлке сыски висят.

«Сыски»! Это она неправильно сказала! Мы с Мишкой так и покатились. Мы смеялись с ним оба одинаково, но потом Мишка стал смеяться громче, чтоб меня пересмеять.

Ну, я немножко поднажал, чтобы он не думал, что я сдаюсь. Мишка держался руками за живот, как будто ему очень больно, и кричал:

– Ой, умру от смеха! Сыски!

А я, конечно, поддавал жару:

– Пять лет девчонке, а говорит «сыски»... Ха-ха-ха!

Потом Мишка упал в обморок и застонал:

– Ах, мне плохо! Сыски...

И стал икать:

– Ик!.. Сыски. Ик! Ик! Умру от смеха. Ик!

Тогда я схватил горсть снега и начал прикладывать его себе ко лбу, как будто у меня началось уже воспаление мозга и я сошёл с ума. Я орал:

– Девчонке пять лет, скоро замуж выдавать! А она – «сыски».

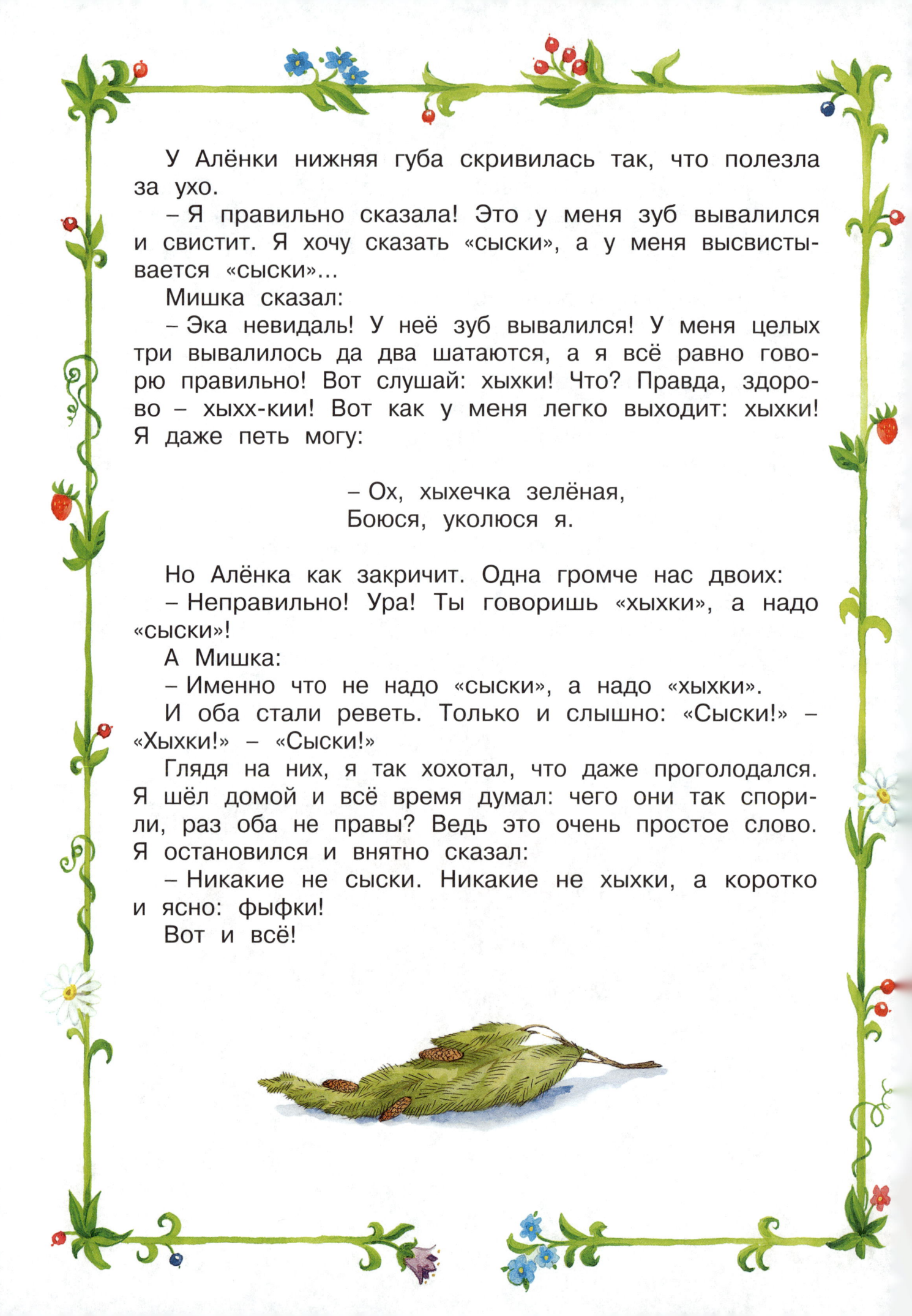

У Алёнки нижняя губа скривилась так, что полезла за ухо.

— Я правильно сказала! Это у меня зуб вывалился и свистит. Я хочу сказать «сыски», а у меня высвистывается «сыски»...

Мишка сказал:

— Эка невидаль! У неё зуб вывалился! У меня целых три вывалилось да два шатаются, а я всё равно говорю правильно! Вот слушай: хыхки! Что? Правда, здорово — хыхх-кии! Вот как у меня легко выходит: хыхки! Я даже петь могу:

— Ох, хыхечка зелёная,
Боюся, уколюся я.

Но Алёнка как закричит. Одна громче нас двоих:

— Неправильно! Ура! Ты говоришь «хыхки», а надо «сыски»!

А Мишка:

— Именно что не надо «сыски», а надо «хыхки».

И оба стали реветь. Только и слышно: «Сыски!» — «Хыхки!» — «Сыски!»

Глядя на них, я так хохотал, что даже проголодался. Я шёл домой и всё время думал: чего они так спорили, раз оба не правы? Ведь это очень простое слово. Я остановился и внятно сказал:

— Никакие не сыски. Никакие не хыхки, а коротко и ясно: фыфки!

Вот и всё!

В. Драгунский
ДРУГ ДЕТСТВА

Когда мне было лет шесть или шесть с половиной, я совершенно не знал, кем же я в конце концов буду на этом свете. Мне все люди вокруг очень нравились и все работы тоже. У меня тогда в голове была ужасная путаница, я был такой растерянный и никак не мог толком решить, за что же мне приниматься.

То я хотел быть астрономом, чтоб не спать по ночам и наблюдать в телескоп далёкие звёзды, то я мечтал стать капитаном дальнего плавания, чтобы стоять, расставив ноги, на капитанском мостике, и посетить далёкий Сингапур, и купить там забавную обезьянку. А то мне до смерти хотелось превратиться в машиниста метро или начальника станции и ходить в красной фуражке и кричать толстым голосом:

— Го-о-тов!

Или у меня разгорался аппетит выучиться на такого художника, который рисует на уличном асфальте белые полоски для мчащихся машин. А то мне казалось, что неплохо бы стать отважным путешественником вроде Алена Бомбара и переплыть все океаны на утлом челноке, питаясь одной только сырой рыбой. Правда, этот Бомбар после своего путешествия похудел на двадцать пять килограммов, а я всего-то весил двадцать шесть, так что выходило, что если я тоже поплыву, как он, то мне худеть будет совершенно некуда, я буду весить в конце путешествия только одно кило. А вдруг я где-нибудь не поймаю одну-другую рыбину и похудею чуть побольше? Тогда я, наверно, просто растаю в воздухе, как дым, вот и все дела.

Когда я всё это подсчитал, то решил отказаться от этой затеи, а на другой день мне уже приспичило стать боксёром, потому что я увидел в телевизоре розыгрыш первенства Европы по боксу. Как они молотили друг друга – просто ужас какой-то! А потом показали их тренировку, и тут они колотили уже тяжёлую кожаную «грушу» – такой продолговатый тяжёлый мяч, по нему надо бить изо всех сил, лупить что есть мо́чи, чтобы развивать в себе силу удара. И я так нагляделся на всё на это, что тоже решил стать самым сильным человеком во дворе, чтобы всех побивать, в случае чего.

Я сказал папе:

– Папа, купи мне грушу!

– Сейчас январь, груш нету. Съешь пока морковку.

Я рассмеялся:

– Нет, папа, не такую! Не съедобную грушу! Ты, пожалуйста, купи мне обыкновенную кожаную боксёрскую грушу!

– А тебе зачем? – сказал папа.

– Тренироваться, – сказал я. – Потому что я буду боксёром и буду всех побивать. Купи, а?

– Сколько же стоит такая груша? – поинтересовался папа.

— Пустяки какие-нибудь, — сказал я. — Рублей десять или пятьдесят.

— Ты спятил, братец, — сказал папа. — Перебейся как-нибудь без груши. Ничего с тобой не случится.

И он оделся и пошёл на работу.

А я на него обиделся за то, что он мне так со смехом отказал. И мама сразу же заметила, что я обиделся, и тотчас сказала:

— Стой-ка, я, кажется, что-то придумала. Ну-ка, ну-ка, погоди-ка одну минуточку.

И она наклонилась и вытащила из-под дивана большую плетёную корзинку; в ней были сложены старые игрушки, в которые я уже не играл. Потому что я уже вырос и осенью мне должны были купить школьную форму и картуз с блестящим козырьком.

Мама стала копаться в этой корзинке, и, пока она копалась, я видел мой старый трамвайчик без колёс и на верёвочке, пластмассовую дудку, помятый волчок, одну стрелу с резиновой нашлёпкой, обрывок паруса от лодки, и несколько погремушек, и много ещё разного игрушечного утиля. И вдруг мама достала со дна корзинки здоровущего плюшевого мишку.

Она бросила его мне на диван и сказала:

— Вот. Это тот самый, что тебе тётя Мила подарила. Тебе тогда два года исполнилось. Хороший мишка, отличный. Погляди, какой тугой! Живот какой толстый! Ишь как выкатил! Чем не груша? Ещё лучше! И покупать не надо! Давай тренируйся сколько душе угодно! Начинай!

И тут её позвали к телефону, и она вышла в коридор.

А я обрадовался, что мама так здорово придумала. И я устроил мишку поудобнее на диване, чтобы мне сподручней было об него тренироваться и развивать силу удара.

Он сидел передо мной такой шоколадный, но здорово облезлый, и у него были разные глаза: один его собственный — жёлтый стеклянный, а другой большой белый — из пуговицы от наволочки; я даже не помнил, когда он появился. Но это было не важно, потому что мишка довольно весело смотрел на меня своими разными глазами, и он расставил ноги и выпятил мне навстречу живот, а обе руки поднял кверху, как будто шутил, что вот он уже заранее сдаётся...

И я вот так посмотрел на него и вдруг вспомнил, как давным-давно я с этим мишкой ни на минуту не расставался, повсюду таскал его за собой, и нянькал его, и сажал его за стол рядом с собой обедать, и кормил его с ложки манной кашей, и у него такая забавная мордочка становилась, когда я его чем-нибудь перемазывал, хоть той же кашей или вареньем, такая забавная, милая мордочка становилась у него тогда,

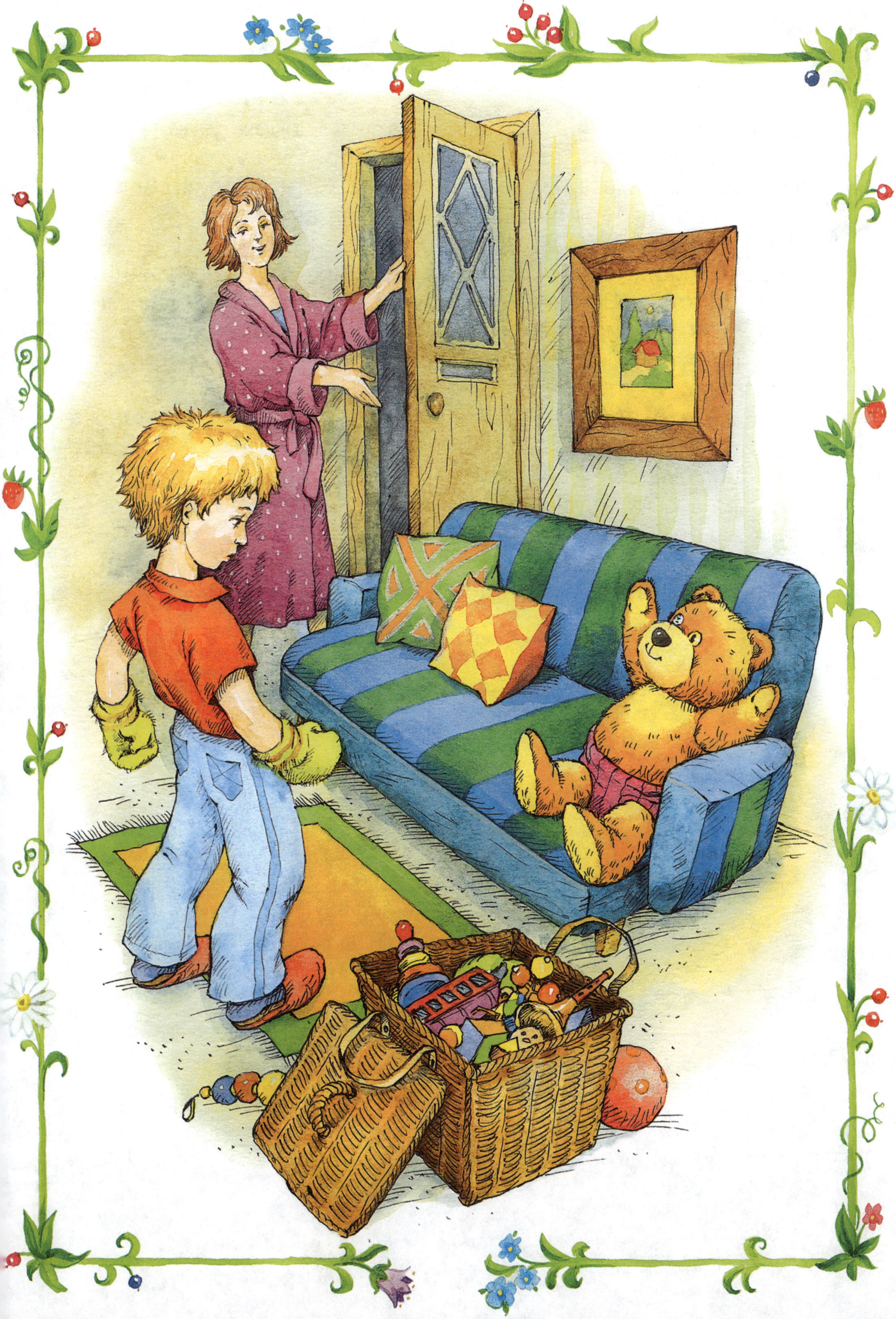

прямо как живая, и я его спать с собой укладывал, и укачивал его, как маленького братишку, и шептал ему разные сказки прямо в его бархатные твёрденькие ушки, и я его любил тогда, любил всей душой, я за него тогда жизнь бы отдал. И вот он сидит сейчас на диване, мой бывший самый лучший друг, настоящий друг детства. Вот он сидит, смеётся разными глазами, а я хочу тренировать об него силу удара...

— Ты что, — сказала мама, она уже вернулась из коридора. — Что с тобой?

А я не знал, что со мной, я долго молчал и отвернулся от мамы, чтобы она по голосу или по губам не догадалась, что со мной, и я задрал голову к потолку, чтобы слёзы вкатились обратно, и потом, когда я скрепился немного, я сказал:

— Ты о чём, мама? Со мной ничего... Просто я раздумал. Просто я никогда не буду боксёром.

В. Драгунский

ТАЙНОЕ СТАНОВИТСЯ ЯВНЫМ

Я услышал, как мама сказала кому-то в коридоре:
– ...Тайное всегда становится явным.
И, когда она вошла в комнату, я спросил:
– Что это значит, мама: «Тайное становится явным»?
– А это значит, что если кто поступает нечестно, всё равно про него это узна́ют, и будет ему очень стыдно, и он понесёт наказание, – сказала мама. – Понял? Ложись-ка спать!

Я почистил зубы, лёг спать, но не спал, а всё время думал: как же так получается, что тайное становится явным? И я долго не спал, а когда проснулся, было утро, папа был уже на работе, и мы с мамой были одни. Я опять почистил зубы и стал завтракать.

Сначала я съел яйцо. Это ещё терпимо, потому что я выел один желток, а белок раскромсал со скорлупой так, чтобы его не было видно. Но потом мама принесла целую тарелку манной каши.

— Ешь! — сказала мама. — Безо всяких разговоров!

Я сказал:

— Видеть не могу манную кашу!

Но мама закричала:

— Посмотри, на кого ты стал похож! Вылитый Кощей! Ешь! Ты должен поправиться.

Я сказал:

– Я ею давлюсь!..

Тогда мама села со мной рядом, обняла меня за плечи и ласково спросила:

– Хочешь, пойдём с тобой в Кремль?

Ну ещё бы... Я не знаю ничего красивее Кремля. Я там был в Грановитой палате и в Оружейной, стоял возле Царь-пушки и знаю, где сидел Иван Грозный. И ещё там очень много интересного. Поэтому я быстро ответил маме:

– Конечно, хочу в Кремль! Даже очень!

Тогда мама улыбнулась:

– Ну вот, съешь всю кашу, и пойдём. А я пока посуду вымою. Только помни – ты должен съесть всё до дна!

И мама ушла на кухню.

А я остался с кашей наедине. Пошлёпал её ложкой. Потом посолил. Попробовал – ну, невозможно есть! Тогда я подумал, что, может быть, сахару не хватает? Посыпал песку, попробовал... Ещё хуже стало. Я не люблю кашу, я же говорю.

А она к тому же была густая. Если бы она была жидкая, тогда другое дело, я бы зажмурился и выпил её. Тут я взял и долил в неё кипятку. Всё равно было скользко, липко и противно. Главное, когда я глотаю, у меня горло само сжимается и выталкивает эту кашу обратно. Ужасно обидно! Ведь в Кремль-то хочется! И тут я вспомнил, что у нас есть хрен. С хреном, кажется, почти всё можно съесть! Я взял и вылил в кашу всю баночку, а когда немножко попробовал, у меня сразу глаза на лоб полезли и остановилось дыхание, и я, наверно, потерял сознание, потому что взял тарелку, быстро подбежал к окну и выплеснул кашу на улицу. Потом сразу вернулся и сел на стол.

В это время вошла мама. Она посмотрела на тарелку и обрадовалась:

— Ну что за Дениска, что за парень-молодец! Съел всю кашу до дна! Ну, вставай, одевайся, рабочий народ, идём на прогулку в Кремль! — И она меня поцеловала.

В эту же минуту дверь открылась, и в комнату вошёл милиционер. Он сказал:

— Здравствуйте! — и подошёл к окну, и поглядел вниз. — А ещё интеллигентный человек!

— Что вам нужно? — строго спросила мама.

— Как не стыдно! — Милиционер даже стал по стойке «смирно». — Государство предоставляет вам новое жильё, со всеми удобствами и, между прочим, с мусоропроводом, а вы выливаете разную гадость за окно!

— Не клевещите. Ничего я не выливаю!

— Ах, не выливаете?! — язвительно рассмеялся милиционер. И, открыв дверь в коридор, крикнул: — Пострадавший! Пожалуйте сюда!

И к нам вошёл какой-то дяденька.

Я как на него взглянул, так сразу понял, что в Кремль я не пойду.

На голове у дяденьки была шляпа. А на шляпе наша каша. Она лежала почти в середине шляпы, в ямочке, и немножко по краям, где лента, и немножко за воротником, и на плечах, и на левой брючине. Он как вошёл, сразу стал заикаться:

— Главное, я иду фотографироваться... И вдруг такая история... Каша... мм... манная... Горячая... между прочим, сквозь шляпу и то... жжёт... Как же я пошлю своё... фф... фото... когда я весь в каше?!

Тут мама посмотрела на меня, и глаза у неё стали зелёные, как крыжовник. А уж это верная примета, что мама ужасно рассердилась.

— Извините, пожалуйста, — сказала она тихо, — разрешите, я вас почищу, пройдите сюда!

И они все трое вышли в коридор.

А когда мама вернулась, мне даже страшно было на неё взглянуть. Но я себя пересилил, подошёл к ней и сказал:

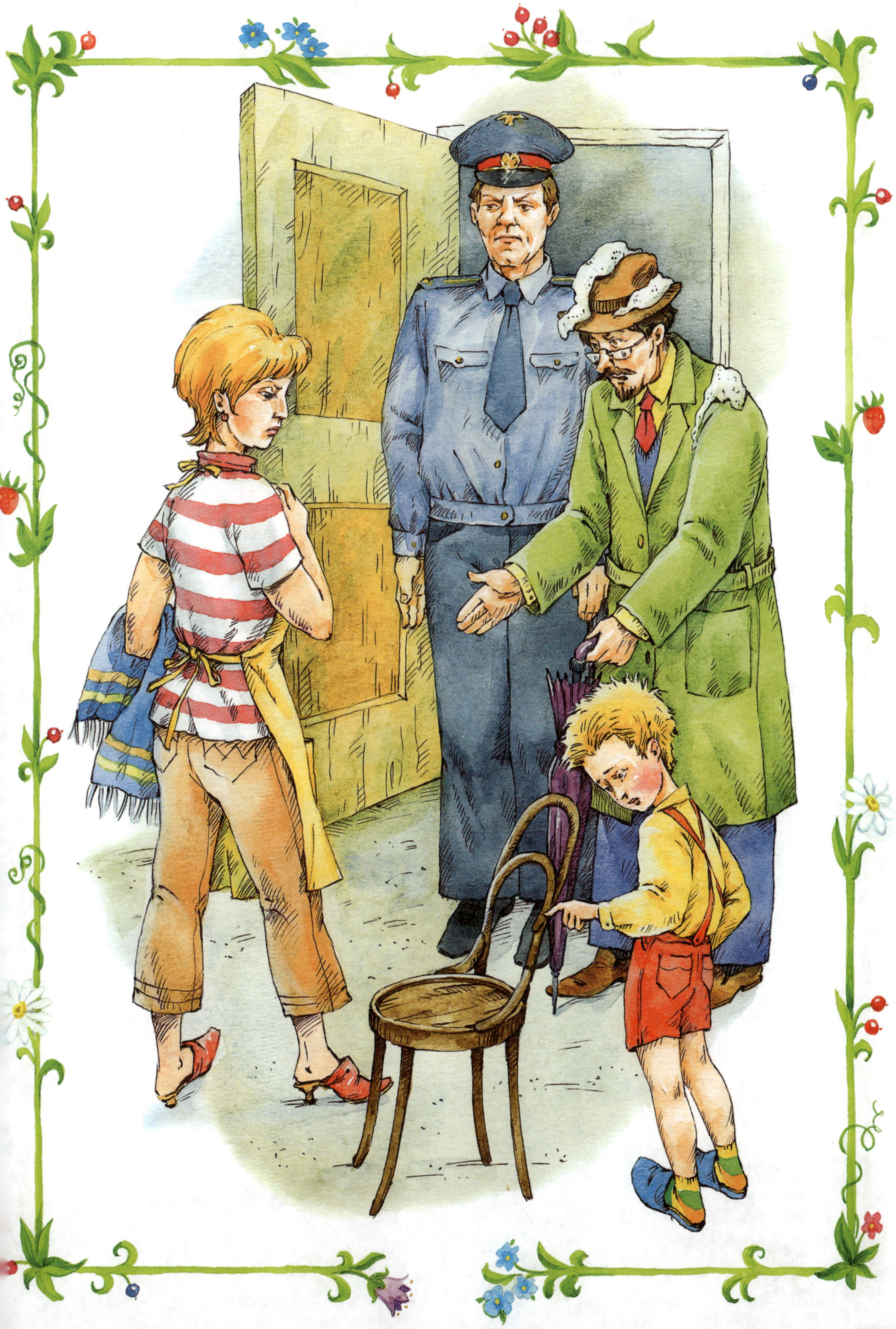

— Да, мама, ты вчера сказала правильно. Тайное всегда становится явным!

Мама посмотрела мне в глаза. Она смотрела долго-долго и потом спросила:

— Ты это запомнил на всю жизнь?

И я ответил:

— Да.

М. Дружинина
САМАЯ ВЕРНАЯ ПРИМЕТА

Антошка с мамой сидели на брёвнышке у самого озера и смотрели на закат. Солнце медленно опускалось за кружевной лес на дальнем берегу.

– Интересно, какая завтра погода будет? – задумчиво спросила мама. – Неужели опять целый день дождь?

– Сейчас узнаем! – Антошка слазил в палатку за справочником туриста и снова уселся на бревно. – Так, смотрим – к хорошей погоде... «Вечером звонко и часто поёт зяблик». Да, что-то не слыхать...

– А к плохой погоде что делает зяблик? – заглянула мама в справочник. – Ага, «зяблики скрипят». Стоп! Кто-то скрипит! Уж не зяблик ли?

— Какой там зяблик? — раздался голос из кустов. — Это я байдарку ремонтирую!

— Хорошо, папа, что это ты, а не зяблик! — обрадовался Антон. — Смотрим следующую примету к хорошей погоде — «пауки плетут паутинку». Ура! Вон сколько паутинок всюду!

— Это, конечно, радует, — сказала мама. — Только вот смотри — рыбка выпрыгнула из воды за мошкой. А это — читай внимательно — к плохой погоде.

— Ну, подумаешь — одна какая-то ненормальная рыбка выпрыгнула. Остальные же не выпрыгивают! Зато туман стелется — к хорошей погоде!

— А дым от костра на землю ложится. К плохой!

— Да, здесь явно не хватает животных, — сказал наконец Антон. — Чтобы точно определить погоду, нужно было взять в поход кур, лошадей. Вообще — скот. Видишь, что написано — «к плохой погоде куры в пыли валяются, скот жадно ест траву, лошади фыркают и храпят». А у нас только папа похрапывает, когда спит. Причём в любую погоду. Разве тут чего-нибудь определишь?

Антон было загрустил и начал бросать камешки в воду.

— Интересно, а если одна курица валяется в пыли, а другая ведёт себя прилично? Одна лошадь фыркает, а другая и в ус не дует? — спросила мама. — Как тогда определить погоду?

— Или, к примеру, лягушки! — подхватил Антон. — Здесь написано, что к плохой погоде они вылезают из болота и хрипло квакают. А если это делают не все, а только самые простуженные? Остальные же сидят себе в болоте и квакают звонко.

— Да, разве тут разберёшься, — подал голос папа. — Голова кругом идёт. Сам, пожалуй, заквакаешь.

— И вообще, если сразу все приметы и к хорошей, и к плохой — что тогда произойдёт? — спросила мама.

— Наверное, конец света. — Папа залез в палатку и быстренько захрапел, не дожидаясь конца света.

Мама с Антошкой тоже устроились в спальниках. И тут по брезенту забарабанил дождь.

— Ничего, — успокоил Антон. — За ночь всё выльется. Погода распогодится!

— Спи, сынок, — сказала мама. — Под шум дождя лучше всего спится.

Рано утром Антон проснулся. На улице моросил дождь, по низкому небу спешили тучи, дул холодный ветер и мокла в кустах починенная папой байдарка.

Но в палатке было тепло и уютно. Мирно похрапывал, как всегда, папа, чему-то улыбалась во сне мама.

И тогда Антон придумал новую, самую верную народную примету: «Если рядом папа с мамой, любая погода хороша!»

М. Дружинина

ОТ ПРИЯТНОГО К НЕПРИЯТНОМУ

Первого апреля Павлик начал шутить прямо с утра. Смял бумажку в комочек и позвал Мушку.

– Мушечка! Иди ко мне! Дам кое-что вкусненькое!

Мушка подбежала и замяукала – мол, давай скорее, если вкусненькое.

– С первым апреля! – расхохотался Павлик и бросил кошке бумажку.

Мушка понюхала и пошла прочь – обиделась.

– Глупая! Шуток не понимает, – возмутился Павлик. – Буду шутить с Кирюшей. Кирюша всё-таки человек – должен понимать. Кирюша!

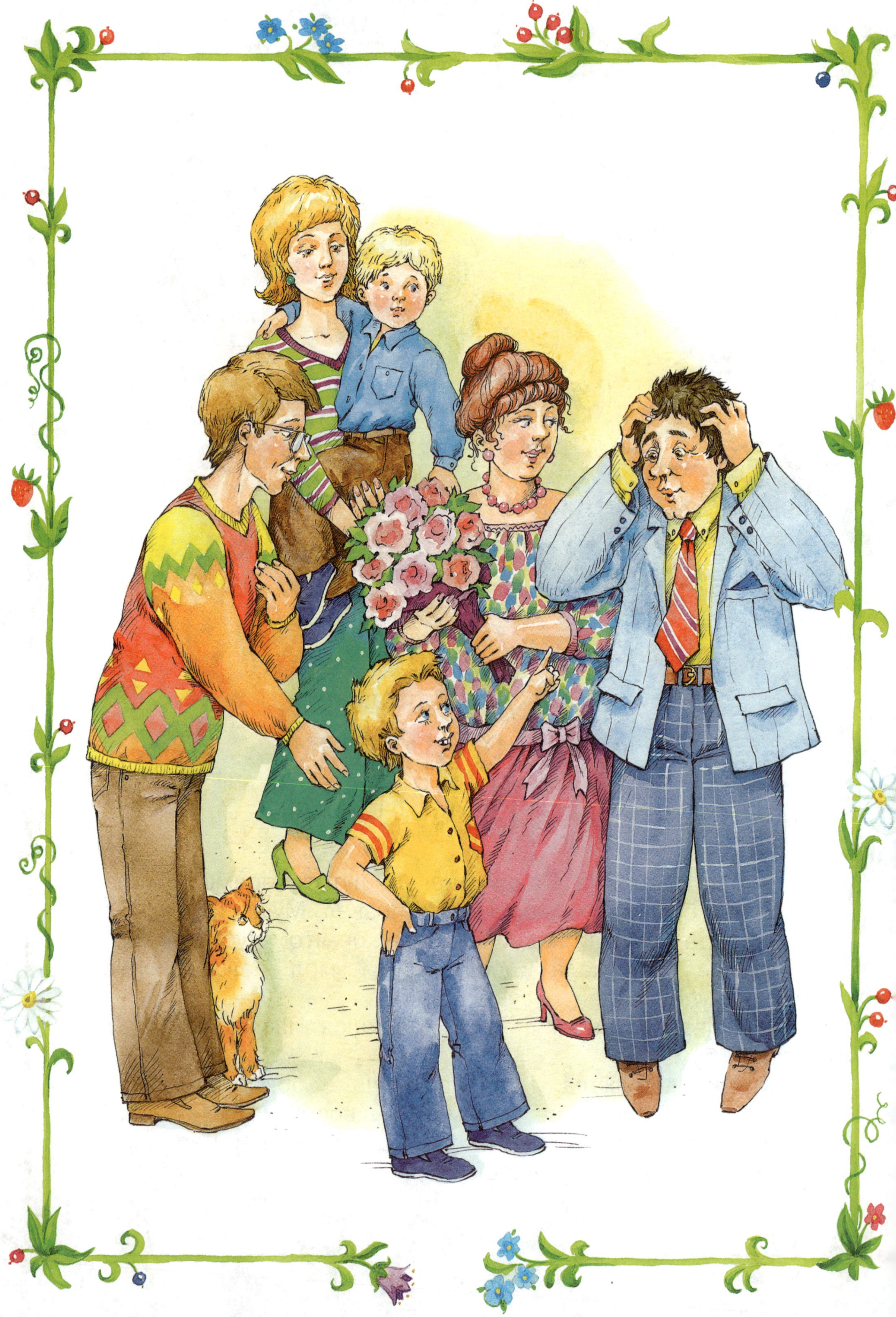

— Я здесь! — пропищал из-за дивана братишка.

— Вот и сиди пока там, — сказал Павлик. Он срочно съел конфету и завернул в нарядную обёртку корочку хлеба. — Кирюша! Вылезай! Вот, это тебе. — И Павлик торжественно протянул «конфету».

Кирюша живо схватил её, развернул — в руках оказалась чёрная сухая корочка. Кирюша ничего не мог понять и на всякий случай разревелся.

Павлик испугался:

— Ты чего?! Ты смеяться должен! Это шутка — первое апреля!

Но Кирюша ревел и ревел, остановился только тогда, когда Павлик выдал настоящую конфету.

Павлик растерялся — никто не понимает его шуток! И кошки не понимают, и люди не понимают. И почему так получается? Когда мама вернулась из магазина, Павлик выложил ей все свои огорчения...

— От твоих шуток, — сказала мама, — и у Мушки, и у Кирюшки сплошные разочарования. Ожидали приятного, а вышло — наоборот! Нужно, чтобы шутка шла в другую сторону — от неприятного к приятному. Вот тогда все будут веселы и довольны!

Как хорошо мама умеет объяснять! Теперь Павлику всё стало ясно.

Вскоре пришли гости. Тётя Люся и дядя Юра. Весёлые, с цветами. И сейчас же начались шутки. Ведь первое апреля на дворе!

— У тебя пуговица оторвалась, — сказал дядя Юра.

Но Павлика не проведёшь! Он закричал:

— Первое апреля — никому не верю! А у вас рожки на голове!

Дядя Юра сделал большие глаза и возмущённо спросил:

— Говори честно, есть у меня рожки?

Тётя Люся засмеялась и сказала:

— Конечно, есть — ведь сегодня праздник — первое апреля!

И все засмеялись. А Павлик был особенно доволен – его шутка удалась. Она оказалась как раз такой, как нужно. С переходом от неприятного к приятному.

Чего уж приятного для дяди Юры, ходить как чучело, с рожками. А то, что их не оказалось, – приятная неожиданность.

За столом веселились, шутили. Чувствовали себя замечательно. И тут Павлику захотелось отколоть такую шутку, та-а-акую! Чтобы все вообще закачались! И сказали про него: «Во даёт! Ну, шутник!»

В самый разгар веселья он вылез из-за стола и пробрался в детскую. Встал посередине комнаты. Да как завопит истошным голосом:

– А-а-а-а-а!!! Помогите! А-а-а-а!

Загрохотали стулья, в коридоре рухнул со стены велосипед. И в комнату влетели все – родители и гости – бледные и красные.

– Боже мой! – воскликнула мама. – Что случилось?

– С первым апреля! – весело прокричал Павлик.

– Ты с ума сошёл! Разве можно так шутить? У меня чуть сердце не разорвалось. – И мама без сил опустилась на стул.

– Во даёт! Ну и шутник, – только и вымолвили тётя Люся и дядя Юра.

А папа молча, без всяких шуток, отшлёпал Павлика.

Опять получилось не совсем удачно, в другую сторону, – от приятного к неприятному. Оказывается, сложное это дело – правильно шутить!

Л. Пантелеев
БОЛЬШАЯ СТИРКА

Один раз мама пошла на рынок. И девочки остались одни дома. Уходя, мама велела им хорошо себя вести, ничего не трогать, со спичками не играть, на подоконники не лазать, на лестницу не выходить, котёнка не мучить. И обещала им принести каждой по апельсину.

Девочки закрыли за мамой на цепочку дверь и думают: «Что же нам делать?» Думают: «Самое лучшее – сядем и будем рисовать».

Достали свои тетрадки и цветные карандаши, сели за стол и рисуют. И всё большие апельсины рисуют. Их ведь, вы знаете, очень нетрудно рисовать: какую-нибудь картошку намазюкал, красным карандашом размалевал, и готово – апельсин.

Потом Тамарочке рисовать надоело, она говорит:

— Знаешь, давай лучше писать. Хочешь, я слово «апельсин» напишу?

— Напиши, — говорит Белочка.

Подумала Тамарочка, голову чуть-чуть наклонила, карандаш послюнила и — готово дело — написала:

ОПЕЛСИН

И Белочка тоже две или три буквы нацарапала, которые умела.

Потом Тамарочка говорит:

— А я не только карандашом, я и чернилами писать умею. Не веришь? Хочешь, напишу?

Белочка говорит:

— А где ж ты чернила возьмёшь?

— А у папы на столе – сколько хочешь. Целая банка.

— Да, – говорит Белочка, – а ведь мама не позволила трогать на столе.

Тамарочка говорит:

— Подумаешь! Она про чернила ничего не говорила. Это ведь не спички – чернила-то.

И Тамарочка сбегала в папину комнату и принесла чернила и перо.

И стала писать. А писать она хоть и умела, да не очень. Стала перо в бутылку окунать и опрокинула бутылку. И все чернила на скатерть вылились. А скатерть была чистая, белая, только что постеленная. Ахнули девочки.

Белочка даже чуть на пол со стула не упала.

— Ой, – говорит, – ой... ой... какое пятнище!..

А пятнище всё больше и больше делается, растёт и растёт. Чуть не на полскатерти кляксу поставили.

Белочка побледнела и говорит:

— Ой, Тамарочка, нам попадёт как!

А Тамарочка и сама знает, что попадёт. Она тоже стоит – чуть не плачет. Потом подумала, нос почесала и говорит:

— Знаешь, давай скажем, что это кошка чернила опрокинула!

Белочка говорит:

— Да, а ведь врать нехорошо, Тамарочка.

— Я и сама знаю, что нехорошо. А что же нам делать тогда?

Белочка говорит:

— Знаешь что? Давай лучше выстираем скатерть!

Тамарочке это даже понравилось. Она говорит:

— Давай. А только в чём же её стирать?

Белочка говорит:

— Давай, знаешь, в кукольной ванночке.

— Глупая. Разве скатерть в кукольную ванночку залезет? А ну, тащи сюда корыто!

— Настоящее?..

— Ну конечно настоящее.

Белочка испугалась. Говорит:
— Тамарочка, ведь мама же нам не позволила...
Тамарочка говорит:
— Она про корыто ничего не говорила. Корыто — это не спички. Давай, давай скорее...

Побежали девочки на кухню, сняли с гвоздя корыто, налили в него из-под крана воды и потащили в комнату. Табуретку принесли. Поставили корыто на табуретку.

Белочка устала — еле дышит.

А Тамарочка ей и отдохнуть не даёт.

— А ну, — говорит, — тащи скорей мыло!

Побежала Белочка. Приносит мыло.

— Синьку ещё надо. А ну, тащи синьку!

Побежала Белочка синьку искать. Нигде найти не может.

Прибегает:

— Нет синьки.

А Тамарочка уже со стола скатерть сняла и опускает её в воду. Страшно опускать – сухую-то скатерть в мокрую воду. Опустила всё-таки. Потом говорит:

– Не надо синьки.

Посмотрела Белочка, а вода в корыте – синяя-пресиняя.

Тамарочка говорит:

– Видишь, даже хорошо, что пятно поставили. Можно без синьки стирать.

Потом говорит:

– Ой, Белочка!

– Что? – говорит Белочка.

– Вода-то холодная.

– Ну и что?

– В холодной же воде бельё не стирают. В холодной только полощут.

Белочка говорит:

— Ну, ничего, давай полоскать.

Испугалась Белочка: вдруг её Тамарочка ещё и воду заставит кипятить.

Стала Тамарочка скатерть мылом намыливать. Потом стала тискать её, как полагается. А вода всё темней и темней делается.

Белочка говорит:

— Ну, наверно, уже можно выжимать.

— А ну, давай посмотрим, — говорит Тамарочка.

Вытащили девочки из корыта скатерть. А на скатерти только два маленьких белых пятнышка. А вся скатерть — синяя.

— Ой, — говорит Тамарочка. — Надо воду менять. Тащи скорей чистой воды.

Белочка говорит:

— Нет, теперь ты тащи. Я тоже хочу постирать.

Тамарочка говорит:

— Ещё чего! Я пятно поставила — я и стирать буду.

Белочка говорит:

— Нет, теперь я буду.

— Нет, не будешь!

— Нет, буду!..

Заплакала Белочка и двумя руками вцепилась в корыто. А Тамарочка за другой конец ухватилась. И корыто у них закачалось, как люлька или качели.

— Уйди лучше, — закричала Тамарочка. — Уйди, честное слово, а не то я в тебя сейчас водой брызну.

Белочка, наверно, испугалась, что она и в самом деле брызнет, — отскочила, корыто выпустила, а Тамарочка его в это время как дёрнет — оно кувырком, с табуретки — и на пол. И конечно, вода из него тоже на пол. И потекла во все стороны.

Вот тут-то уж девочки испугались по-настоящему.

Белочка от страха даже плакать перестала.

А вода уж по всей комнате — и под стол, и под шкаф, и под рояль, и под стулья, и под диван, и под этажерку, и куда только можно течёт. Даже в соседнюю комнату маленькие ручейки побежали.

Очухались девочки, забегали, засуетились:

— Ой! Ой! Ой!..

А в соседней комнате в это время спал на полу котёнок Пушок. Он как увидел, что под него вода течёт, — как вскочит, как замяукает и давай как сумасшедший по всей квартире носиться:

— Мяу! Мяу! Мяу!

Девочки бегают, и котёнок бегает. Девочки кричат, и котёнок кричит. Девочки не знают, что делать, и котёнок тоже не знает, что делать.

Тамарочка на табуретку влезла и кричит:

— Белочка! Лезь на стул! Скорее! Ты же промочишься.

А Белочка так испугалась, что и на стул забраться не может. Стоит, как цыплёнок, съёжилась и только знай себе головой качает:

— Ой! Ой! Ой!

И вдруг слышат девочки — звонок.

Тамарочка побледнела и говорит:

— Мама идёт.

А Белочка и сама слышит. Она ещё больше съёжилась, на Тамарочку посмотрела и говорит:

— Ну вот, сейчас будет нам...

А в прихожей ещё раз:

«Дзинь!»

И ещё раз:

«Дзинь! Дзинь!»

Тамарочка говорит:

— Белочка, милая, открой, пожалуйста.

— Да, спасибо, — говорит Белочка. — Почему это я должна?

— Ну, Белочка, ну, милая, ну ты же всё-таки ближе стоишь. Я же на табуретке, а ты на полу всё-таки.

Белочка говорит:

— Я тоже могу на стул залезть.

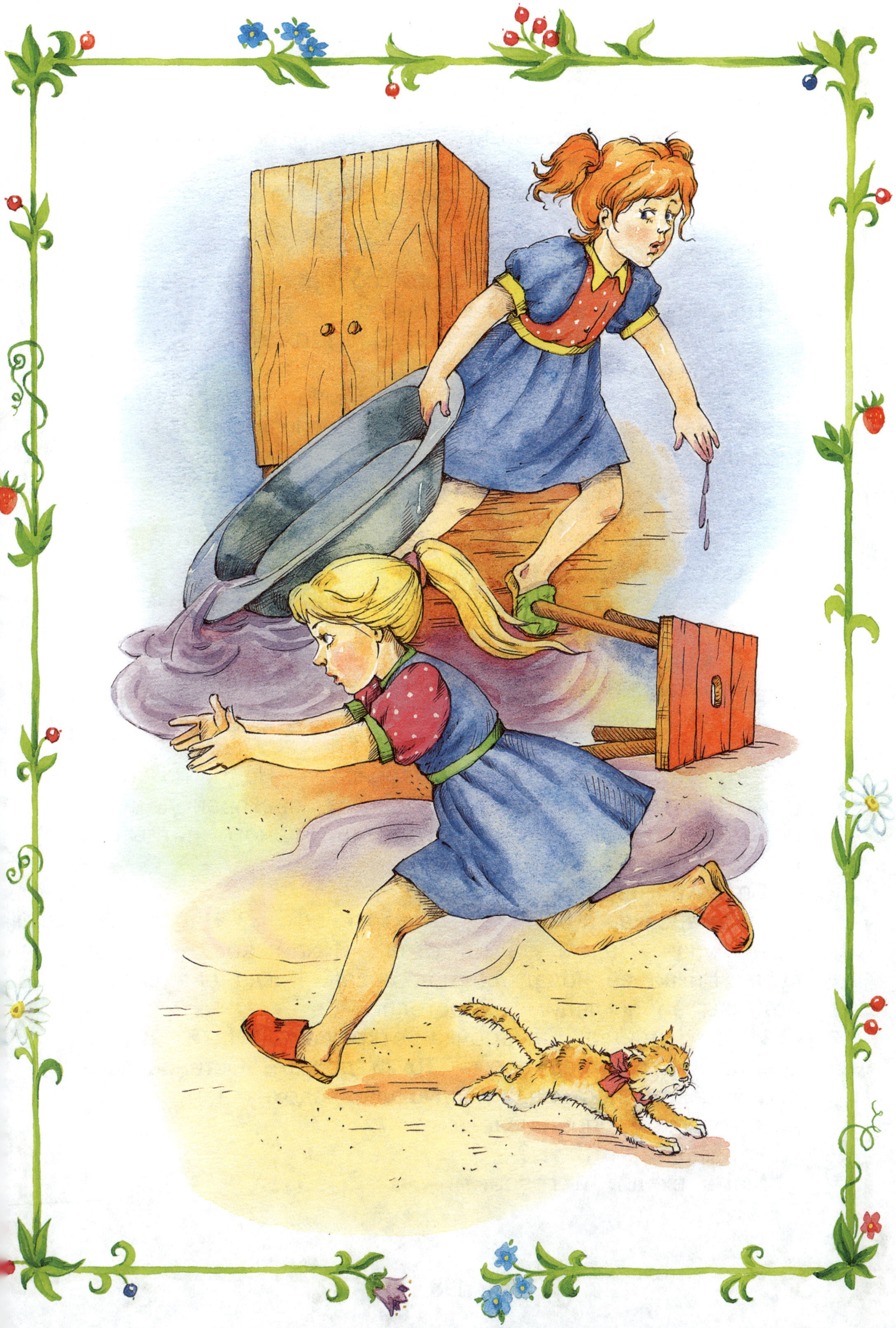

Тогда Тамарочка видит, что всё равно надо идти открывать, с табуретки спрыгнула и говорит:

– Знаешь что? Давай скажем, что это кошка корыто опрокинула?

Белочка говорит:

– Нет, лучше, знаешь, давай пол поскорее вытрем!

Тамарочка подумала и говорит:

– А что ж... Давай попробуем. Может быть, мама и не заметит...

И вот опять забегали девочки. Тамарочка мокрую скатерть схватила и давай ею по полу елозить. А Белочка за ней как хвостик носится, суетится и только знай себе:

– Ой! Ой! Ой!

Тамарочка ей говорит:

– Ты лучше не ойкай, а лучше тащи скорей корыто на кухню.

Белочка, бледная, корыто поволокла. А Тамарочка ей:

– И мыло возьми заодно.

– А где оно – мыло?

– Что ты, не видишь? Вон оно под роялем плавает.

А звонок опять:

«Дз-з-зинь!..»

– Ну что ж, – говорит Тамарочка. – Надо, пожалуй, идти. Я пойду открою, а ты, Белочка, поскорей дотирай пол. Как следует, смотри, чтобы ни одного пятнышка не осталось.

Белочка говорит:

– Тамарочка, а куда же скатерть потом? На стол?

– Глупая. Зачем её на стол? Пихай её – знаешь куда? Пихай её подальше под диван. Когда она высохнет, мы её погладим и постелим.

И вот пошла Тамарочка открывать. Идти ей не хочется. Ноги у неё дрожат, руки дрожат. Остановилась она у двери, постояла, послушала, вздохнула и тоненьким голоском спрашивает:

– Мамочка, это ты?

Мама входит и говорит:

– Господи, что случилось?

Тамарочка говорит:

– Ничего не случилось.

– Так что же ты так долго?.. Я, наверно, двадцать минут звоню и стучу.

– А я не слышала, – говорит Тамарочка.

Мама говорит:

– Я уж бог знает что думала... Думала – воры забрались или вас волки съели.

– Нет, – говорит Тамарочка, – нас никто не съел.

Мама сетку с мясом на кухню снесла, потом возвращается и спрашивает:

– А где же Белочка?

Тамарочка говорит:

– Белочка? А Белочка... я не знаю, где-то там, кажется... в большой комнате... чего-то там делает, я не знаю...

Мама на Тамарочку с удивлением посмотрела и говорит:

– Послушай, Тамарочка, а почему у тебя такие руки грязные? И на лице такие пятна!

Тамарочка за нос себя потрогала и говорит:

– А это мы рисовали.

– Что ж это вы – углем или грязью рисовали?

– Нет, – говорит Тамарочка, – мы карандашами рисовали.

А мама уже разделась и идёт в большую комнату. Входит и видит: вся мебель в комнате сдвинута, перевёрнута, не поймёшь, где стол, где стул, где диван, где этажерка...

А под роялем на корточках ползает Белочка и что-то там делает и плачет во весь голос.

Мама в дверях остановилась и говорит:

– Белочка! Доченька! Что ты там делаешь?

Белочка из-под рояля высунулась и говорит:

– Я?

А сама она грязная-прегрязная, и лицо у неё грязное, и даже на носу тоже пятна.

Тамарочка ей ответить не дала. Говорит:

– А это мы хотели, мамочка, тебе помочь – пол вымыть.

Мама обрадовалась и говорит:

– Вот спасибо!..

Потом к Белочке подошла, наклонилась и спрашивает:

– А чем же это, интересно, моя дочка моет пол?

Посмотрела и за голову схватилась.

– О господи! – говорит. – Вы только взгляните! Она же носовым платком пол моет!

Тамарочка говорит:

– Фу, глупая какая!

А мама говорит:

– Да уж, это действительно называется – помогают мне.

А Белочка ещё громче заплакала под своим роялем и говорит:

– Неправда, мамочка. Мы вовсе и не помогаем тебе. Мы корыто опрокинули.

Мама на табуретку села и говорит:

– Этого ещё недоставало. Какое корыто?

Белочка говорит:

– Настоящее которое... Железное.

– А как же, интересно, оно попало сюда – корыто?

Белочка говорит:

– Мы скатерть стирали.

– Какую скатерть? Где она? Зачем же вы её стирали? Ведь она же чистая была, только вчера постлана.

– А мы на неё чернила нечаянно пролили.

– Ещё того не легче. Какие чернила? Где вы их взяли?

Белочка на Тамарочку посмотрела и говорит:

– Мы из папиной комнаты принесли.

– А кто вам позволил?

Девочки друг на дружку посмотрели и молчат.

Мама посидела, подумала, нахмурилась и говорит:

– Ну, что же мне теперь с вами делать?

Девочки обе заплакали и говорят:

– Накажи нас.

Мама говорит:

– А вы хотите, чтобы я вас наказала?

Девочки говорят:

– Нет, не очень.

– А за что же, по-вашему, я должна вас наказать?

– А за то, что, наверно, мы пол мыли.

– Нет, – говорит мама, – за это я вас наказывать не буду.

– Ну, тогда за то, что мы бельё стирали.

– Нет, – говорит мама. – И за это я тоже наказывать вас не буду. И за то, что чернила пролили, – тоже не буду. И за то, что писали чернилами, – тоже не буду. А вот за то, что без спросу взяли из папиной комнаты чернильницу, – за это вас действительно наказать следует. Ведь если бы вы были послушные девочки и в папину комнату не полезли, вам бы не пришлось ни пол мыть, ни бельё стирать, ни корыто опрокидывать. А заодно и врать бы вам не пришлось. Ведь в самом деле, Тамарочка, разве ты не знаешь, почему у тебя нос грязный?

Тамарочка говорит:

– Знаю, конечно.

– Так почему же ты сразу не сказала?

Тамарочка говорит:

– Я побоялась.

– А вот это и плохо, – говорит мама. – Сумел набедокурить – сумей и ответить за свои грехи. Сделала ошибку – не убегай, поджав хвост, а исправь её.

– Мы и хотели исправить, – говорит Тамарочка.

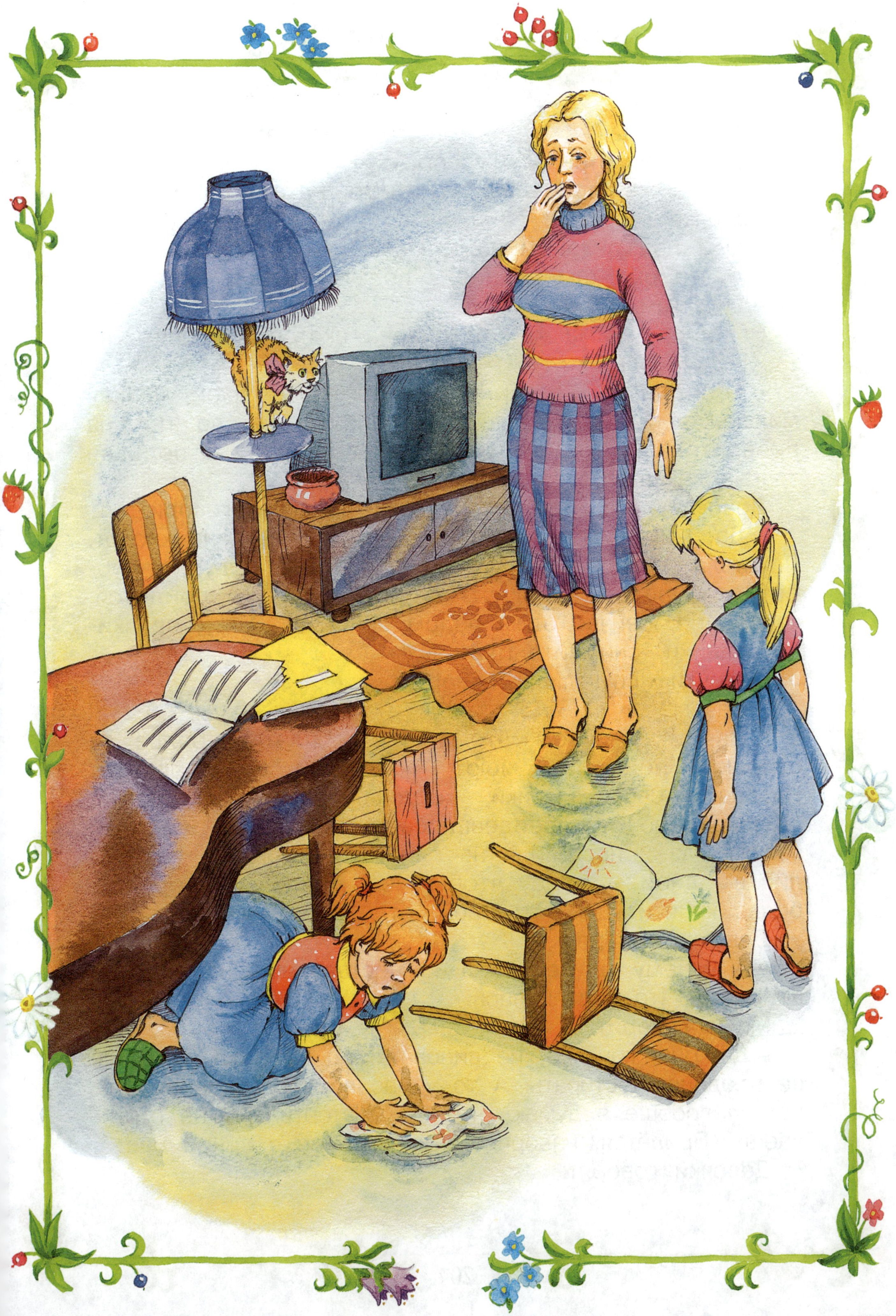

— Хотели, да не сумели, — говорит мама.

Потом посмотрела и говорит:

— А где же, я не вижу, скатерть находится?

Белочка говорит:

— Она под диваном находится.

— А что она там делает — под диваном?

— Она там сохнет у нас.

Вытащила мама из-под дивана скатерть и опять на табуретку села.

— Господи! — говорит. — Боже ты мой! Такая миленькая скатерть была! И вы посмотрите, во что она превратилась. Ведь это же не скатерть, а половая тряпка какая-то.

Девочки ещё громче заплакали, а мама говорит:

— Да, милые мои доченьки, наделали вы мне хлопот. Я устала, думала отдохнуть, — я только в будущую субботу собиралась большую стирку делать, а придётся, как видно, сейчас этим делом заняться. А ну, прачки-неудачники, снимайте платья.

Девочки испугались. Говорят:

— Зачем?

— Зачем? А затем, что в чистых платьях бельё не стирают, полов не моют и вообще не работают. Надевайте свои халатики — и живо за мной на кухню...

Пока девочки переодевались, мама успела на кухне зажечь газ и поставила на плиту три большие кастрюли: в одной — вода, чтобы пол мыть, во второй — бельё кипятить, а в третьей, отдельно, — скатерть.

Девочки говорят:

— А почему ты её отдельно поставила? Она ведь не виновата, что запачкалась.

Мама говорит:

— Да, она, конечно, не виновата, но всё-таки придётся её в одиночку стирать. А то у нас всё бельё синее станет. И вообще я думаю, что эту скатерть уже не отстираешь. Придётся, наверно, выкрасить её в синий цвет.

Девочки говорят:

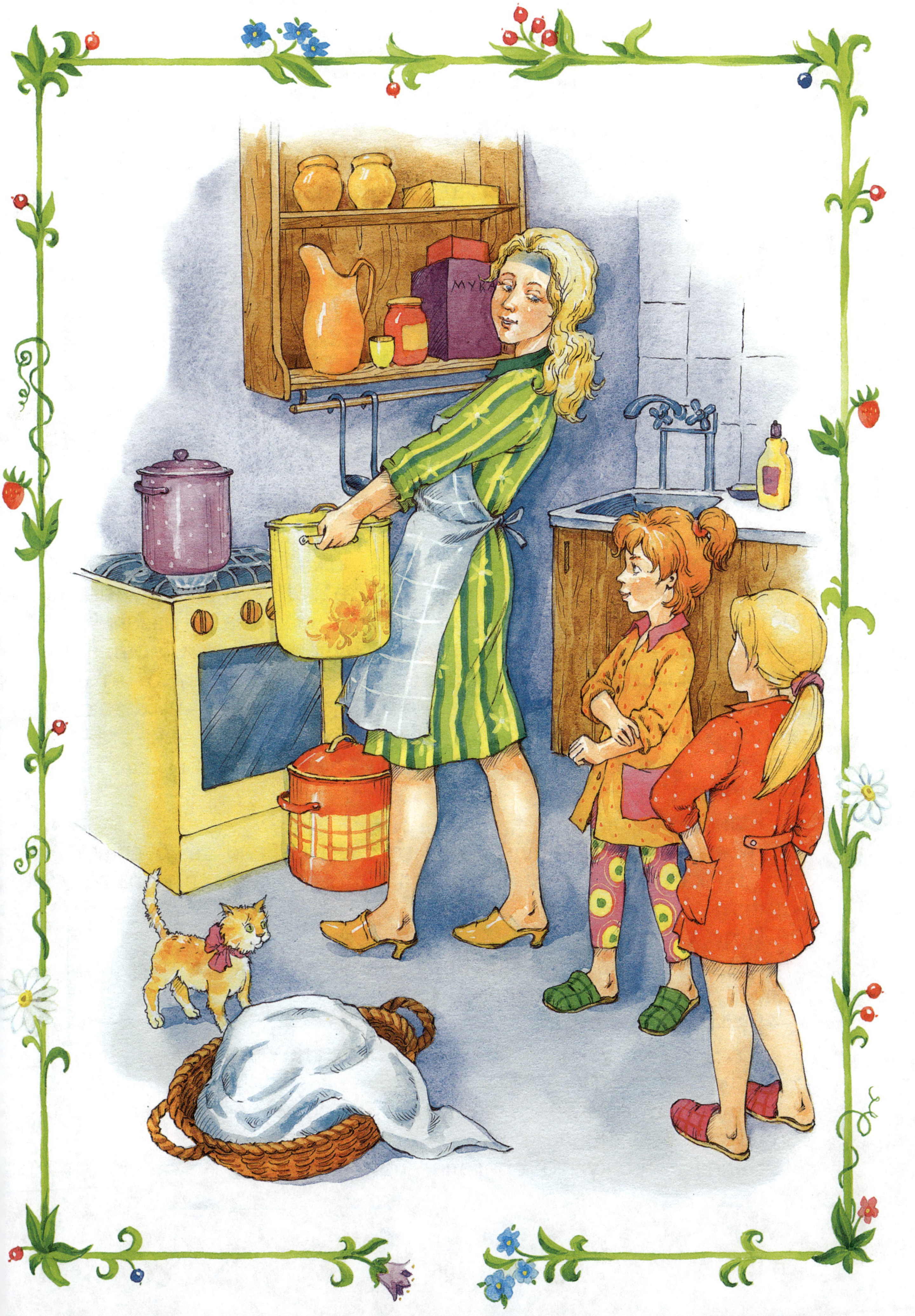
МУКА

— Ой, как красиво будет!

— Нет, – говорит мама, – я думаю, что это не очень красиво будет. Если бы это было действительно красиво, то, наверно, люди каждый бы день кляксы на скатерти ставили.

Потом говорит:

— Ну, хватит болтать, берите каждая по тряпке и идёмте пол мыть.

Девочки говорят:

— По-настоящему?

Мама говорит:

— А вы что думали? По-игрушечному вы уже вымыли, теперь давайте по-настоящему.

И вот девочки стали по-настоящему пол мыть.

Мама дала им каждой по уголку и говорит:

— Смотрите, как я мою, и вы тоже так мойте. Где вымыли, там по чистому не ходите... Луж на полу не оставляйте, а вытирайте досуха. А ну, раз-два – начали!

Засучила мама рукава, подоткнула подол и пошла махать мокрой тряпкой. Да так ловко, так быстро, что девочки за ней еле успевают. И конечно, у них так хорошо не выходит, как у мамы. Но всё-таки они стараются. Белочка даже на коленки встала, чтобы удобнее было.

Мама ей говорит:

— Белочка, ты бы ещё на живот легла. Если ты будешь так пачкаться, то нам придётся потом и тебя в корыте стирать.

Потом говорит:

— А ну, сбегай, пожалуйста, на кухню, посмотри, не кипит ли вода в бельевом баке.

Белочка говорит:

— А как же узнать, кипит она или не кипит?

Мама говорит:

— Если булькает – значит, кипит; если не булькает – значит, не вскипела ещё.

Белочка на кухню сбегала, прибегает:

— Мамочка, булькает, булькает!

Мама говорит:

— Не мамочка булькает, а вода, наверно, булькает?

Тут мама из комнаты за чем-то вышла, Белочка Тамарочке и говорит:

— Знаешь? А я апельсины видела!

Тамарочка говорит:

— Где?

— В сетке, в которой мясо висит. Знаешь сколько? Целых три.

Тамарочка говорит:

— Да. Будут нам теперь апельсины. Дожидайся.

Тут мама приходит и говорит:

— А ну, поломойки, забирайте вёдра и тряпки – идём на кухню бельё стирать.

Девочки говорят:

— По-настоящему?

Мама говорит:

— Теперь вы всё будете делать по-настоящему.

И девочки, вместе с мамой, по-настоящему стирали бельё. Потом они его по-настоящему полоскали. По-настоящему выжимали. И по-настоящему вешали его на чердаке на верёвках сушиться.

А когда они кончили работать и вернулись домой, мама накормила их обедом. И никогда ещё в жизни они с таким удовольствием не ели, как в этот день. И суп ели, и кашу, и чёрный хлеб, посыпанный солью.

А когда они отобедали, мама принесла из кухни сетку и сказала:

— Ну а теперь вы, пожалуй, можете получить каждая по апельсину.

Девочки говорят:

— А кому третий?

Мама говорит:

— Ах вот как? Вы уже знаете, что и третий есть?

Девочки говорят:

— А третий, мамочка, знаешь кому? Третий – самый большой – тебе.

— Нет, доченьки, – сказала мама. – Спасибо. Мне хватит, пожалуй, и самого маленького. Ведь всё-таки вы сегодня в два раза больше, чем я, работали. Не правда ли? И пол два раза мыли. И скатерть два раза стирали...

Белочка говорит:

— Зато чернила только один раз пролили.

Мама говорит:

— Ну, знаешь, если бы вы два раза чернила пролили – я бы вас так наказала...

Белочка говорит:

— Да, а ведь ты же не наказала всё-таки?

Мама говорит:

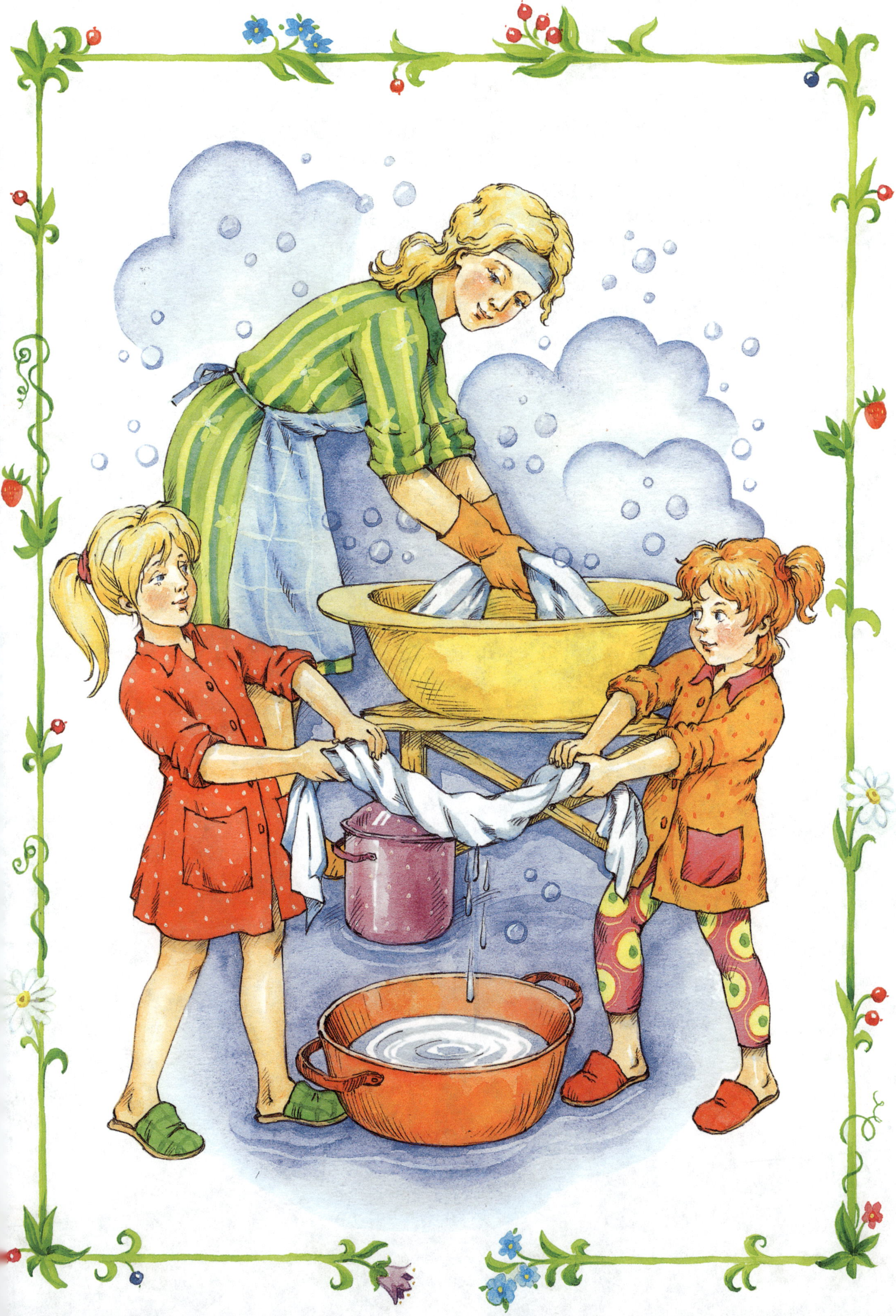

– Погодите, может быть, ещё и накажу всё-таки.

Но девочки видят: нет, уж теперь не накажет, если раньше не наказала.

Обняли они свою маму, крепко расцеловали её, а потом подумали и выбрали ей хоть не самый большой, а всё-таки самый лучший апельсин.

И правильно сделали.

С. Георгиев

ЧАСЫ

Санька овсяную кашу не любил. Он её ел, чтобы только не обидеть бабушку, в час по ложке.

Бабушка так прямо и сказала:

– Ну, Санька, ты едок – в час по ложке!

Санька задумался. За стол он сел в девять утра, три ложки каши уже съел. Значит, который теперь час? Правильно!

– Ку-ку! – громко сказал Санька. – Бом-бом! В Москве полдень!

– Замечательно! – обрадовался дедушка. – Служба точного времени! Никаких часов больше в доме не нужно! Съел Санька ложку овсяной каши, прокуковал – минутка в минутку!

Санька зачерпнул полную ложку и стал на неё внимательно смотреть, понимая, какой он теперь важный и нужный человек.

Всё испортила бабушка.

– Это только глупый человек и бездельник один раз за целый час скажет «бом-бом!», вот и все его дела! У меня ни минуты свободной нет! Каждая секундочка на счету!

Санька быстро доел нелюбимую кашу.

«Да уж, – после размышлял он. – Вот были бы апельсины, это ж совсем другое дело! Я бы сто раз за секунду куковал! Даже сто четырнадцать!..»

СТАРЫЕ ЗНАКОМЫЕ

В зоопарк Санька с Костиком пришли уже четвёртый раз.

— Вот это медведь! Бурый! — показал Костик.

— Да знаю, — ответил Санька.

— А вон там, за поворотом, живёт страус эму! — продолжал Костик. — Ростом больше двух метров!

— Да знаю, — согласился Санька.

— У пятнистого оленя вот такущие рога! — изобразил Костик.

— Да знаю, — сказал Санька.

Тогда Костик подошёл к одной из клеток, приветливо помахал африканскому льву рукой и указал на Саньку:

— А вот это мой лучший друг Саша!

— Да знаю. — Лев шумно зевнул в ответ.

КОРОЛЕВСТВО

Дедушка читал Саньке сказку про Золушку, а бабушка в кухне стряпала пончики.

Когда Принц и его невеста наконец нашли друг друга, Санька посопел, переживая, а потом застенчиво признался:

— Я ведь, пожалуй, тоже стану когда-нибудь добрым королём...

— Хорошее дело, — согласился дедушка.

— А почему не принцем для начала? — поинтересовалась из кухни бабушка, которой всё было слышно.

— Да ну, — махнул рукой Санька. — Принцем ещё жениться нужно, а королём как раз — надел корону и сиди себе посиживай! Больше ничего делать и не нужно!

Дедушка вдруг очень оживился, поднялся из кресла, вытянулся во фрунт и взял под козырёк.

— Ты, Ваше Величество, — сказал он Саньке, — сиди-посиживай, а я тем временем при тебе Главнокомандующим стану. Всей армией и флотом!

Санька придирчивым взглядом смерил дедушку с головы до ног и остался доволен.

— Нормально, — улыбнулся он.

— Тогда заодно уж будь и Первым Министром по всем важным делам, — подсказала из кухни бабушка. — По заготовкам продовольствия, к примеру! За хлебом в булочную сходить, когда попрошу, и всё такое прочее...

Дедушка вновь с готовностью взял под козырёк и лихо промаршировал мимо кресла.

— А ты, бабуля, назначаешься при нашем добром короле... — начал было Главнокомандующий.

Но бабушка из кухни не дала деду договорить.

— Некогда мне, — перебила она. — Я как была, так и останусь простым народом!

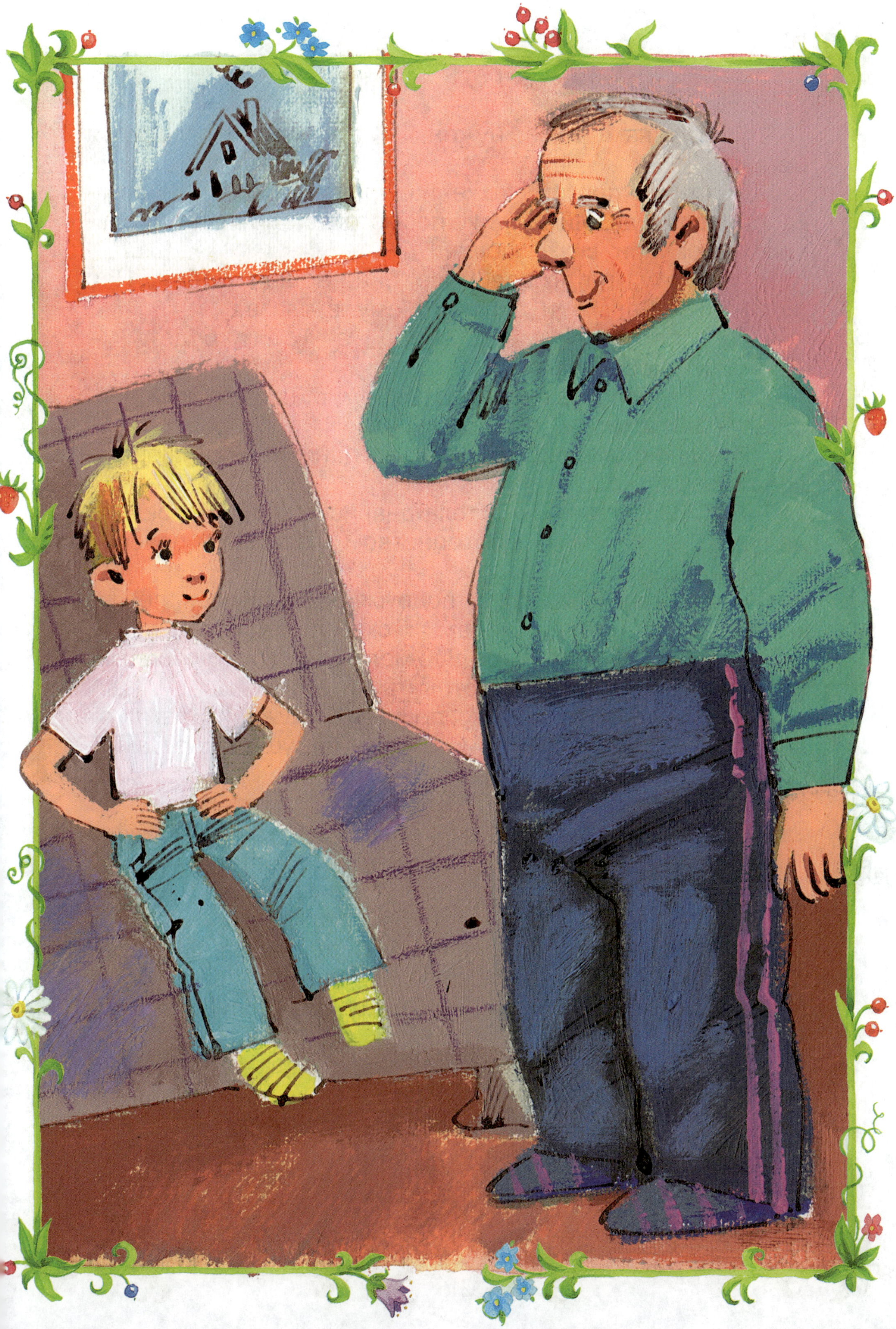

— Народ нам тоже нужен, — подумав, согласился Санька.

— Я, между прочим, тоже из простых людей! — слегка обиделся дедушка. — И посмотрите, до каких больших чинов при внуке дошёл!

В комнату, потягиваясь со сна, вошёл Тобик. Пёс подошёл к Саньке и заглянул ему в глаза.

— Так, бабушка у нас народ, а Тобик будет... — наморщил лоб Санька.

— Это разнообразный животный мир нашего королевства! — выпалил за него дедушка.

— И одновременно: собака пограничной службы! — добавил Санька.

Тобик уважительно и с благодарностью посмотрел на дедушку, а затем с достоинством зевнул и почесал себя за ухом.

С кухни вкусно запахло подрумянивающимися пончиками. Санька потянул носом и сказал дедушке:

— Хороший у нас народ! Умелый и трудолюбивый! Пончики здорово умеет готовить!

— О народе тоже заботу проявлять нужно! Время от времени! — отозвалась из кухни бабушка. — Самое королевское это дело!

Санька заволновался:

— Бабулечка! Я же о тебе вон как забочусь! Помнишь, на Восьмое марта я тебе джип нарисовал, как он мчит на всей скорости! — Санька взял дедушку за рукав. — Деда, хоть ты-то помнишь?

— Во-первых, не деда, а Флот и вся Армия, — строго поправил Саньку дедушка. — Но прежде всего, Ваше Величество, вооружённую, но голодную силу и покормить бы не худо!

— Дед, ты чего это?! — насупился Санька. — Сейчас поедим! Да вон сколько бабушка пончиков наготовила, бери да ешь!

— Эх, Ваше Величество, — грустно вздохнул отчего-то дедушка. И вдруг запел:

– На границе тучи ходят хмуро,
Край суровый тишиной объят!..

– Пограничники тоже проголодались, вслед за несокрушимой армией и непотопляемым флотом, – поняла бабушка в кухне.

– Да, – подтвердил эту догадку дедушка. – Если вспомнить славное прошлое, кто встал на пути коварного лазутчика, когда к нам в королевство проник через форточку кот Мурзик и едва не стащил всё народное благосостояние?!

– Подумаешь, одну сардельку и слопал, – сразу же вспомнил смешное происшествие Санька.

Бабушка ничего не успела сказать, потому что тренькнул звонок у входной двери – это к Саньке в гости пришёл Костик, его лучший друг.

– Вот и делегация иностранная пожаловала, – приветствовал Костика дедушка. – Посол дружественной державы!

– Чего это тут у вас? – удивился Костик.

– Пончики... – начал было Санька.

Но дедушка не дал ему договорить.

– Ты займись пока чем-нибудь, Ваше Величество, – перебил он внука. – Найди себе дело! Нам пока не до тебя, у нас дипломатический приём. Видишь, иностранец пришёл, не из нашего с тобой королевства!

Санька обиделся и надулся.

– Глупое у вас королевство какое-то, – кусая губы, пробормотал он. – Никакой заботы о детях... – Затем Санька исподлобья посмотрел на Костика. – Кроме разных там... иностранных!..

Бабушка рассмеялась, вошла в комнату, нежно прижала к себе Саньку, а дедушка потрепал его по волосам.

– Глупый у нас король, – сказала бабушка. – Хотя и большой уже.

Потом все вчетвером – Санька с Костиком и дедушка с бабушкой – пили чай с восхитительными бабушкиными пончиками. А Тобику налили большую миску супу с хлебными крошками.

В. Катаев

ЦВЕТИК-СЕМИЦВЕТИК

Жила девочка Женя. Однажды послала её мама в магазин за баранками. Купила Женя семь баранок: две баранки с тмином для папы, две баранки с маком для мамы, две баранки с сахаром для себя и одну маленькую розовую баранку для братика Павлика. Взяла Женя связку баранок и отправилась домой. Идёт, по сторонам зевает, вывески читает, ворон считает. А тем временем сзади пристала незнакомая собака да все баранки одну за другой и съела: сначала съела папины с тмином, потом мамины с маком, потом Женины с сахаром. Почувствовала Женя, что баранки стали что-то чересчур лёгкие. Обернулась, да уж поздно. Мочалка болтается пустая, а собака последнюю розовую Павликову бараночку доедает, облизывается.

— Ах, вредная собака! — закричала Женя и бросилась её догонять.

Бежала, бежала, собаку не догнала, только сама заблудилась. Видит — место совсем незнакомое. Больших домов нет, а стоят маленькие домики. Испугалась Женя и заплакала. Вдруг, откуда ни возьмись, старушка:

— Девочка, девочка, почему ты плачешь?

Женя старушке всё и рассказала.

Пожалела старушка Женю, привела её в свой садик и говорит:

— Ничего, не плачь, я тебе помогу. Правда, баранок у меня нет и денег тоже нет, зато растёт у меня в садике один цветок, называется «цветик-семицветик», он всё может. Ты, я знаю, девочка хорошая, хоть и любишь зевать по сторонам. Я тебе подарю цветик-семицветик, он всё устроит.

С этими словами старушка сорвала с грядки и подала девочке Жене очень красивый цветок вроде ромашки. У него было семь прозрачных лепестков, каждый другого цвета: жёлтый, красный, зелёный, синий, оранжевый, фиолетовый и голубой.

— Этот цветик, — сказала старушка, — не простой. Он может исполнить всё, что ты захочешь. Для этого надо только оторвать один из лепестков, бросить его и сказать:

— Лети, лети, лепесток,
Через запад на восток,
Через север, через юг,
Возвращайся, сделав круг,
Лишь коснёшься ты земли —
Быть по-моему вели.

Вели, чтобы сделалось то-то и то-то. И это тотчас сделается.

Женя вежливо поблагодарила старушку, вышла за калитку и тут только вспомнила, что не знает дороги

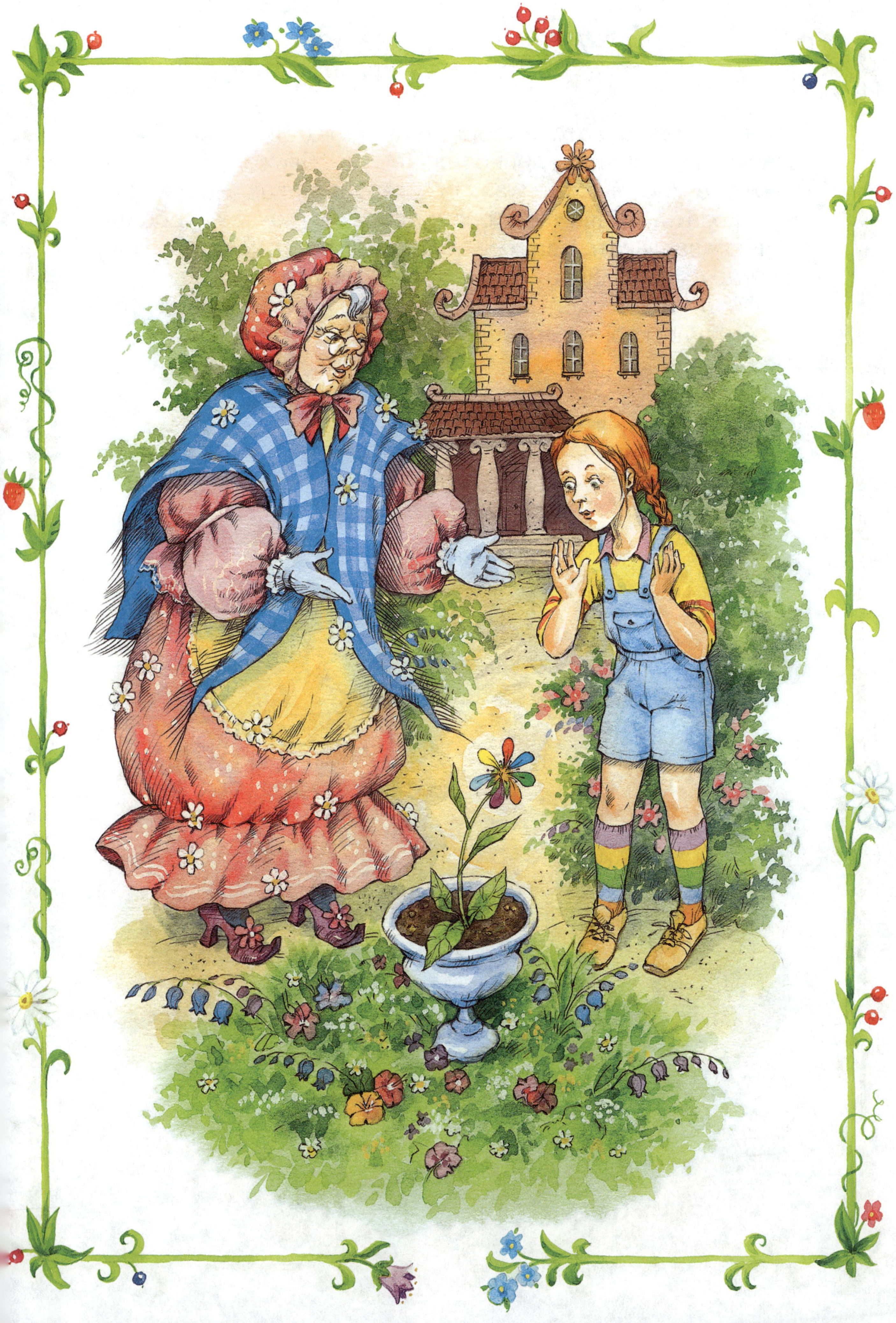

домой. Она захотела вернуться в садик и попросить старушку, чтобы та проводила её до ближайшего милиционера, но ни садика, ни старушки как не бывало. Что делать? Женя уже собиралась, по своему обыкновению, заплакать, даже нос наморщила, как гармошку, да вдруг вспомнила про заветный цветок.

— А ну-ка, посмотрим, что это за цветик-семицветик! Женя поскорее оторвала жёлтый лепесток, кинула его и сказала:

— Лети, лети, лепесток,
Через запад на восток,
Через север, через юг,
Возвращайся, сделав круг,

Лишь коснёшься ты земли —
Быть по-моему вели.

Вели, чтобы я была дома с баранками!

Не успела она это сказать, как в тот же миг очутилась дома, а в руках — связка баранок!

Женя отдала маме баранки, а сама про себя думает: «Это и вправду замечательный цветок, его непременно надо поставить в самую красивую вазочку!»

Женя была совсем небольшая девочка, поэтому она влезла на стул и потянулась за любимой маминой вазочкой, которая стояла на самой верхней полке. В это время, как на грех, за окном пролетали вороны. Жене, понятно, тотчас захотелось узнать совершенно точно, сколько ворон — семь или восемь? Она открыла рот и стала считать, загибая пальцы, а вазочка полетела вниз и — бац! — раскололась на мелкие кусочки.

— Ты опять что-то разбила, тяпа-растяпа! — закричала мама из кухни. — Не мою ли самую любимую вазочку?

— Нет, нет, мамочка, я ничего не разбила. Это тебе послышалось! — закричала Женя, а сама поскорее оторвала красный лепесток, бросила его и прошептала:

— Лети, лети, лепесток,
Через запад на восток,
Через север, через юг,
Возвращайся, сделав круг,
Лишь коснёшься ты земли —
Быть по-моему вели.

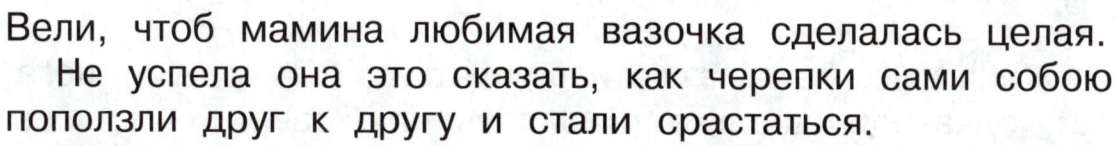

Вели, чтоб мамина любимая вазочка сделалась целая.

Не успела она это сказать, как черепки сами собою поползли друг к другу и стали срастаться.

Мама прибежала из кухни — глядь, а её любимая вазочка как ни в чём не бывало стоит на своём месте. Мама на всякий случай погрозила Жене пальцем и послала её гулять во двор.

Пришла Женя во двор, а там мальчики играют в папанинцев: сидят на старых досках, и в песок воткнута палка.

— Мальчики, мальчики, примите меня поиграть!

— Чего захотела! Не видишь — это Северный полюс. Мы девчонок на Северный полюс не берём.

— Какой же это Северный полюс, когда это одни доски?

— Не доски, а льдины. Уходи, не мешай! У нас как раз сильное сжатие.

— Значит, не принимаете?

— Не принимаем. Уходи!

— И не нужно. Я и без вас на Северном полюсе сейчас буду. Только не на таком, как ваш, а на всамделишном. А вам — кошкин хвост!

Женя отошла в сторонку, под ворота, достала заветный цветик-семицветик, оторвала синий лепесток, кинула и сказала:

— Лети, лети, лепесток,
Через запад на восток,
Через север, через юг,
Возвращайся, сделав круг,
Лишь коснёшься ты земли —
Быть по-моему вели.

Вели, чтоб я сейчас же была на Северном полюсе!

Не успела она это сказать, как вдруг, откуда ни возьмись, налетел вихрь, солнце пропало, сделалась страшная ночь, земля закружилась под ногами, как волчок.

Женя, как была в летнем платьице, с голыми ногами, одна-одинёшенька оказалась на Северном полюсе, а мороз там сто градусов!

— Ай, мамочка, замерзаю! — закричала Женя и стала плакать, но слёзы тут же превратились в сосульки и повисли на носу, как на водосточной трубе.

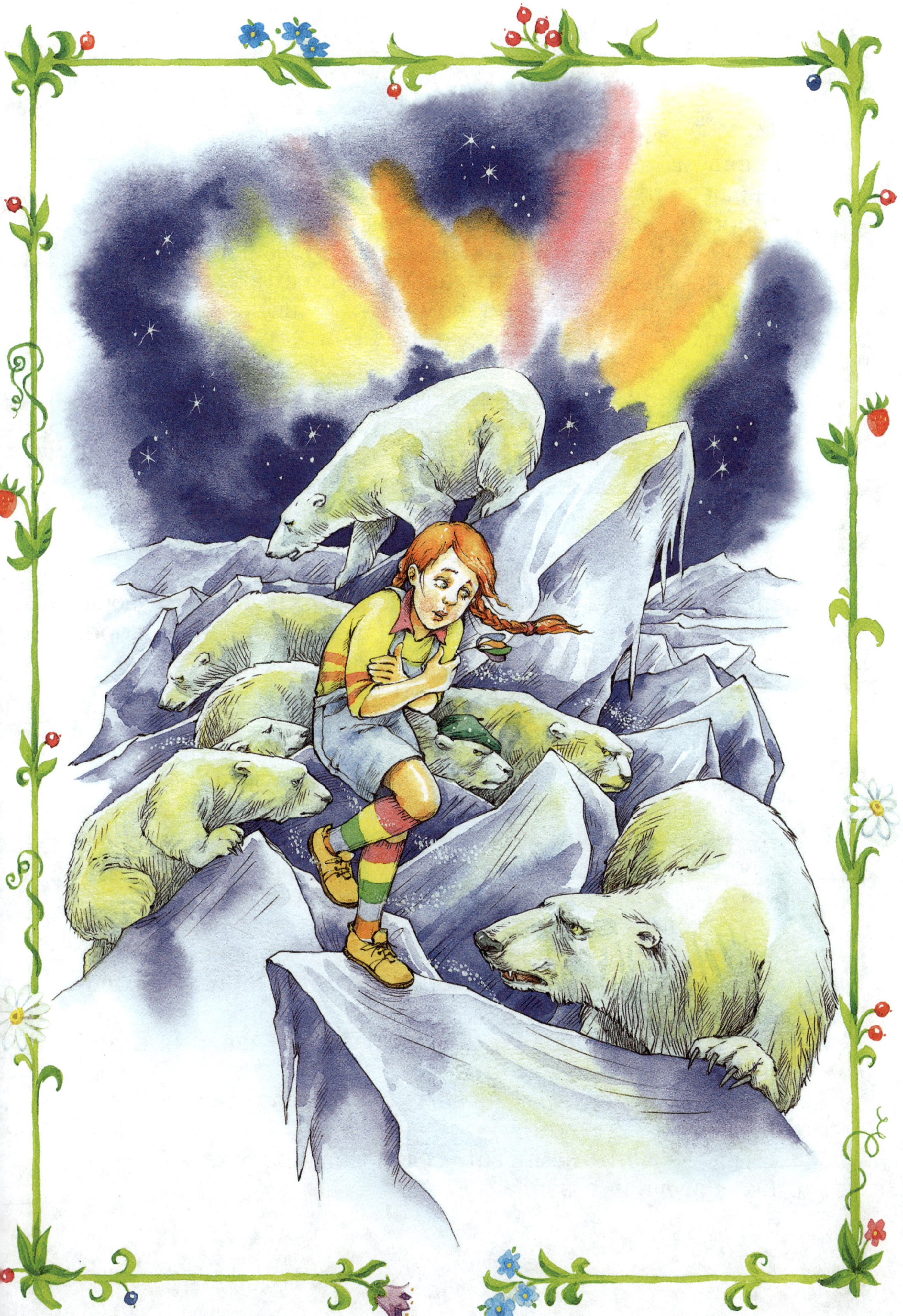

А тем временем из-за льдины вышли семь белых медведей и прямёхонько к девочке, один другого страшнее: первый – нервный, второй – злой, третий – в берете, четвёртый – потёртый, пятый – помятый, шестой – рябой, седьмой – самый большой.

Не помня себя от страха, Женя схватила обледеневшими пальчиками цветик-семицветик, вырвала зелёный лепесток и закричала что есть мочи:

– Лети, лети, лепесток,
Через запад на восток,
Через север, через юг,
Возвращайся, сделав круг,
Лишь коснёшься ты земли –
Быть по-моему вели.

Вели, чтоб я сейчас же очутилась опять на нашем дворе!

И в тот же миг она очутилась опять во дворе. А мальчики на неё смотрят и смеются:
– Ну, где же твой Северный полюс?
– Я там была.
– Мы не видели. Докажи!
– Смотрите – у меня ещё висит сосулька.
– Это не сосулька, а кошкин хвост! Что, взяла?

Женя обиделась и решила больше с мальчишками не водиться, а пошла в другой двор водиться с девочками. Пришла – видит, у девочек разные игрушки. У кого коляска, у кого мячик, у кого прыгалка, у кого трёхколесный велосипед, а у одной – большая говорящая кукла в кукольной соломенной шляпке и в кукольных калошках.

Взяла Женю досада. Даже глаза от зависти стали жёлтые, как у козы.

«Ну, – думает, – я вам сейчас покажу, у кого игрушки!»

Вынула цветик-семицветик, оторвала оранжевый лепесток, кинула и сказала:

– Лети, лети, лепесток,
Через запад на восток,
Через север, через юг,
Возвращайся, сделав круг,
Лишь коснёшься ты земли –
Быть по-моему вели.

Вели, чтобы все игрушки, какие есть на свете, были мои!

И в тот же миг, откуда ни возьмись, со всех сторон повалили к Жене игрушки.

Первыми, конечно, прибежали куклы, громко хлопая глазами и пища без передышки: «папа-мама», «папа-мама». Женя сначала очень обрадовалась, но кукол оказалось так много, что они сразу заполнили весь двор, переулок, две улицы и половину площади. Невозможно было сделать шагу, чтобы не наступить на куклу. Вокруг, представляете себе, какой шум могут поднять пять миллионов говорящих кукол? А их было никак не меньше. И то это были только московские куклы. А куклы из Ленинграда, Харькова, Киева, Львова и других советских городов ещё не успели добежать и галдели, как попугаи, по всем дорогам Советского Союза. Женя даже слегка испугалась. Но это было только начало. За куклами сами собой покатились мячики, шарики, самокаты, трёхколесные велосипеды, тракторы, автомобили, танки, танкетки, пушки. Прыгалки ползли по земле, как ужи, путаясь под ногами и заставляя нервных кукол пищать ещё громче. По воздуху летели миллионы игрушечных самолётов, дирижаблей, планёров. С неба, как тюльпаны, сыпались ватные парашютисты, повисая на телефонных проводах и деревьях. Движение в городе остановилось. Постовые милиционеры влезли на фонари и не знали, что им делать.

– Довольно, довольно! – в ужасе закричала Женя, хватаясь за голову. – Будет! Что вы, что вы! Мне совсем не надо столько игрушек. Я пошутила. Я боюсь...

Но не тут-то было! Игрушки всё валили и валили. Кончились советские, начались американские.

Уже весь город был завален до самых крыш игрушками.

Женя по лестнице – игрушки за ней. Женя на балкон – игрушки за ней. Женя на чердак – игрушки за ней.

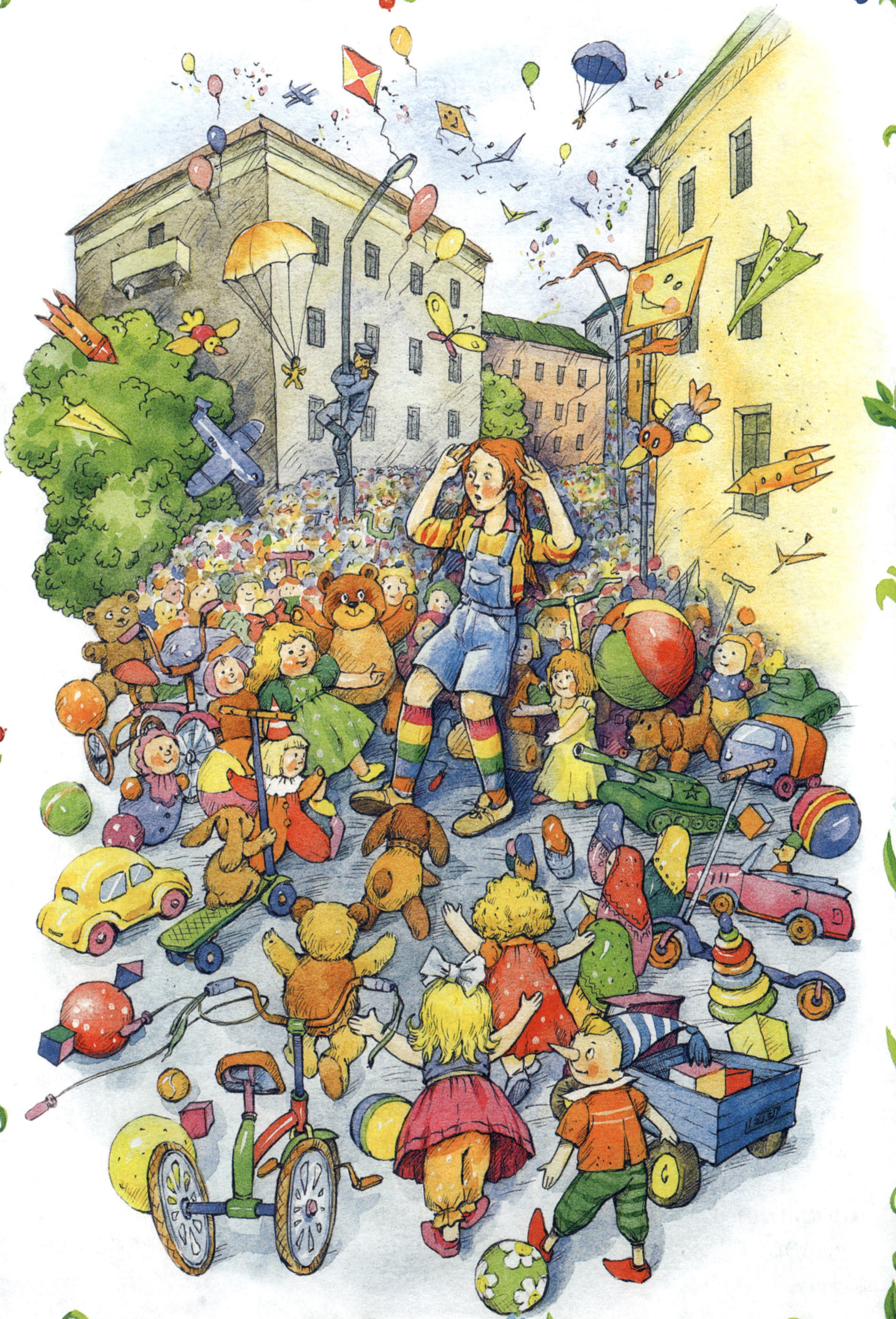

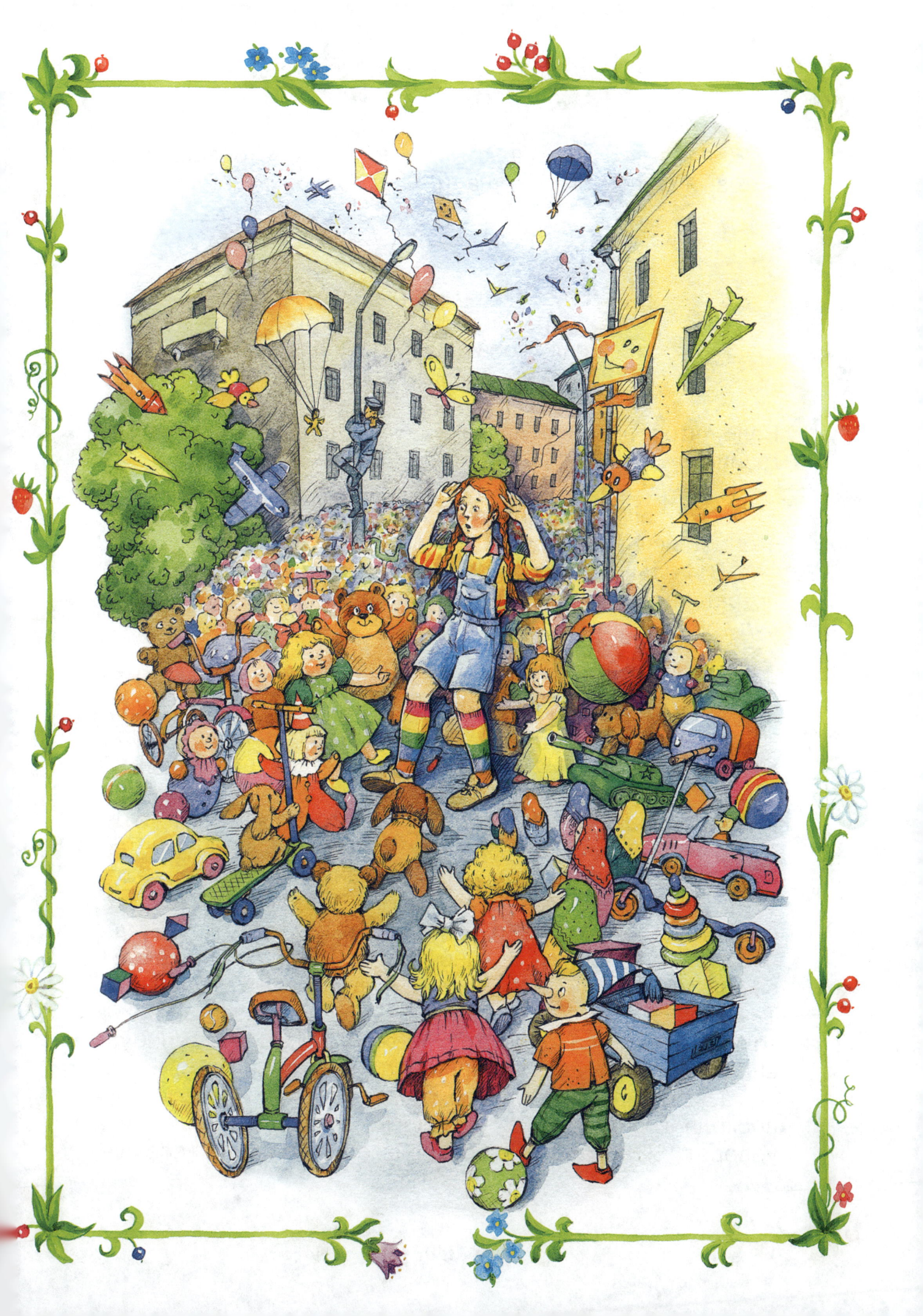

Женя выскочила на крышу, поскорее оторвала фиолетовый лепесток, кинула и быстро крикнула:

– Лети, лети, лепесток,
Через запад на восток,
Через север, через юг,
Возвращайся, сделав круг,
Лишь коснёшься ты земли –
Быть по-моему вели.

Вели, чтоб игрушки поскорей убирались обратно в магазины.

И тотчас все игрушки исчезли.

Посмотрела Женя на свой цветик-семицветик и видит, что остался всего один лепесток.

– Вот так штука! Шесть лепестков, оказывается, потратила, и никакого удовольствия. Ну, ничего. Вперёд буду умнее.

Пошла она на улицу, идёт и думает:

«Чего бы мне ещё всё-таки велеть? Велю-ка я себе, пожалуй, два кило «Мишек». Нет, лучше два кило «Прозрачных». Или нет... Лучше сделаю так: велю полкило «Мишек», полкило «Прозрачных», сто граммов халвы, сто граммов орехов и еще, куда ни шло, одну розовую баранку для Павлика. А что толку? Ну, допустим, всё это я велю и съем. И ничего не останется. Нет, велю я себе лучше трёхколесный велосипед. Хотя зачем? Ну, покатаюсь, а потом что? Ещё, чего доброго, мальчишки отнимут. Пожалуй, и поколотят! Нет. Лучше я себе велю билет в кино или в цирк. Там всё-таки весело. А может быть, велеть лучше новые сандалеты? Тоже не хуже цирка. Хотя, по правде сказать, какой толк в новых сандалетах?! Можно велеть чего-нибудь ещё гораздо лучше. Главное, не надо торопиться».

Рассуждая таким образом, Женя вдруг увидела превосходного мальчика, который сидел на лавочке у ворот. У него были большие синие глаза, весёлые, но смирные. Мальчик был очень симпатичный – сразу видно, что не драчун, – и Жене захотелось с ним познакомиться. Девочка без всякого страха подошла к нему так близко, что в каждом его зрачке очень ясно увидела своё лицо с двумя косичками, разложенными по плечам.

– Мальчик, мальчик, как тебя зовут?
– Витя. А тебя как?
– Женя. Давай играть в салки?
– Не могу. Я хромой.

И Женя увидела его ногу в уродливом башмаке на очень толстой подошве.

– Как жалко! – сказала Женя. – Ты мне очень понравился, и я бы с большим удовольствием побегала с тобой.

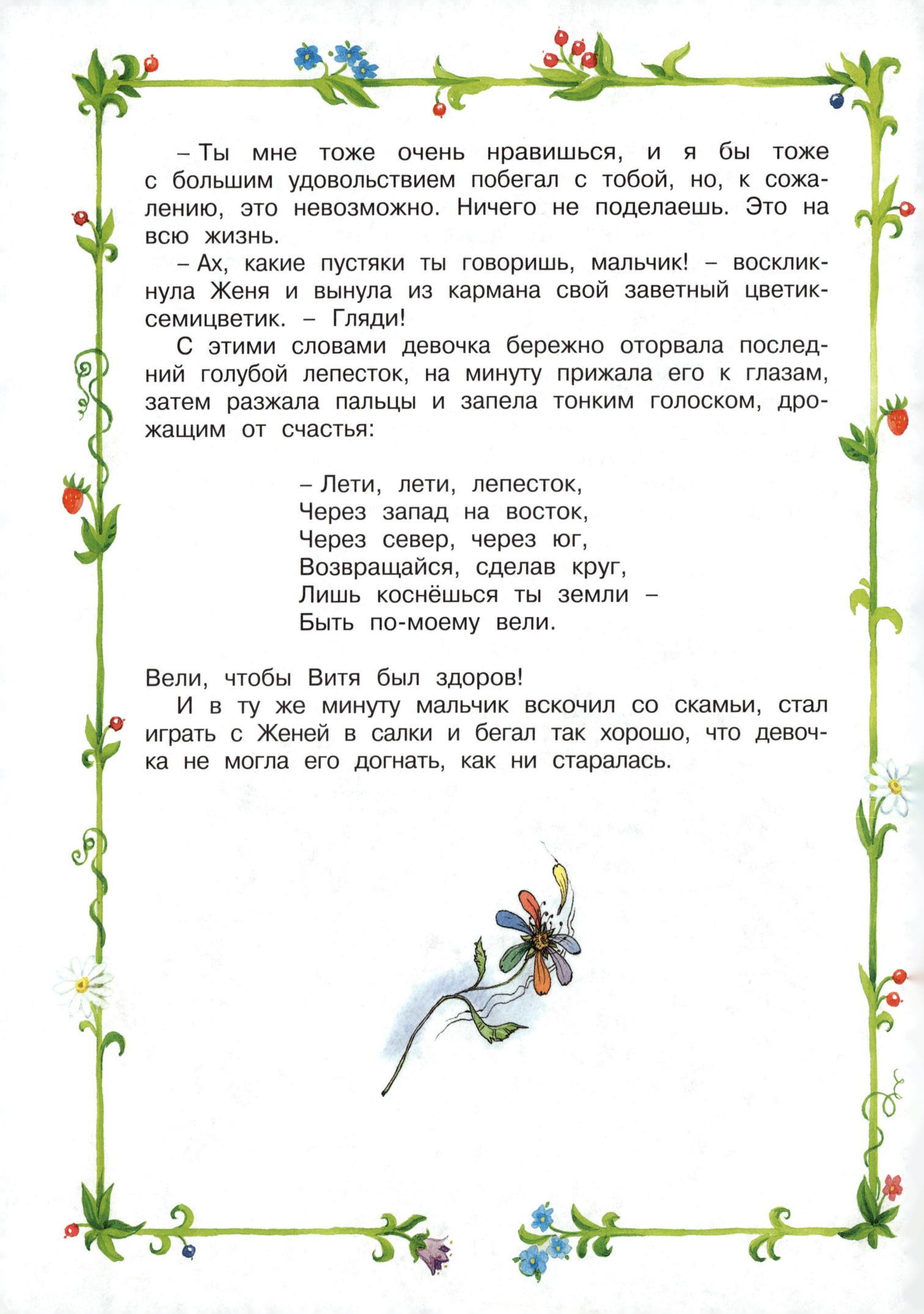

— Ты мне тоже очень нравишься, и я бы тоже с большим удовольствием побегал с тобой, но, к сожалению, это невозможно. Ничего не поделаешь. Это на всю жизнь.

— Ах, какие пустяки ты говоришь, мальчик! — воскликнула Женя и вынула из кармана свой заветный цветик-семицветик. — Гляди!

С этими словами девочка бережно оторвала последний голубой лепесток, на минуту прижала его к глазам, затем разжала пальцы и запела тонким голоском, дрожащим от счастья:

— Лети, лети, лепесток,
Через запад на восток,
Через север, через юг,
Возвращайся, сделав круг,
Лишь коснёшься ты земли —
Быть по-моему вели.

Вели, чтобы Витя был здоров!

И в ту же минуту мальчик вскочил со скамьи, стал играть с Женей в салки и бегал так хорошо, что девочка не могла его догнать, как ни старалась.

П. Бажов

СЕРЕБРЯНОЕ КОПЫТЦЕ

Жил в нашем заводе старик один, по прозвищу Кокованя. Семьи у Кокованы не осталось, он и придумал взять в дети сиротку. Спросил у соседей, не знают ли кого, а соседи и говорят:

— Недавно на Глинке осиротела семья Григория Потопаева. Старших-то девчонок приказчик велел в барскую рукодельню взять, а одну девчонку по шестому году никому не надо. Вот ты и возьми её.

— Несподручно мне с девчонкой-то. Парнишечко бы лучше. Обучил бы его своему делу, пособника бы растить стал. А с девчонкой как? Чему я её учить-то стану?

Потом подумал-подумал и говорит:

— Знавал я Григорья да и жену его тоже. Оба весёлые да ловкие были. Если девчоночка по родителям пойдёт, не тоскливо с ней в избе будет. Возьму её. Только пойдёт ли?

Соседи объясняют:

— Плохое житьё у неё. Приказчик избу Григорьеву отдал какому-то горюну и велел за это сиротку кормить, пока не подрастёт. А у того своя семья больше десятка. Сами не досыта едят. Вот хозяйка и взъедается на сиротку, попрекает её куском-то. Та хоть маленькая, а понимает. Обидно ей. Как не пойдёт от такого житья! Да и уговоришь, поди-ка.

— И то правда, — отвечает Кокованя, — уговорю как-нибудь.

В праздничный день и пришёл он к тем людям, у кого сиротка жила. Видит, полна изба народу, больших и маленьких. На голбчике, у печки, девчоночка сидит, а рядом с ней кошка бурая. Девчоночка маленькая, и кошка маленькая и до того худа да ободранная, что редко кто такую в избу пустит. Девчоночка эту кошку гладит, а она до того звонко мурлычет, что по всей избе слышно. Поглядел Кокованя на девчоночку и спрашивает:

— Эта у вас Григорьева-то подарёнка?

Хозяйка отвечает:

— Она самая. Мало одной-то, так ещё кошку драную где-то подобрала. Отогнать не можем. Всех моих ребят перецарапала, да ещё корми её!

Кокованя и говорит:

— Неласковые, видно, твои ребята. У ней вон мурлычет.

Потом и спрашивает у сиротки:

— Ну как, подарёнушка, пойдёшь ко мне жить?

Девчоночка удивилась:

— Ты, дедо, как узнал, что меня Дарёнкой зовут?

— Да так, — отвечает, — само вышло. Не думал, не гадал, нечаянно попал.

— Ты хоть кто? — спрашивает девчоночка.

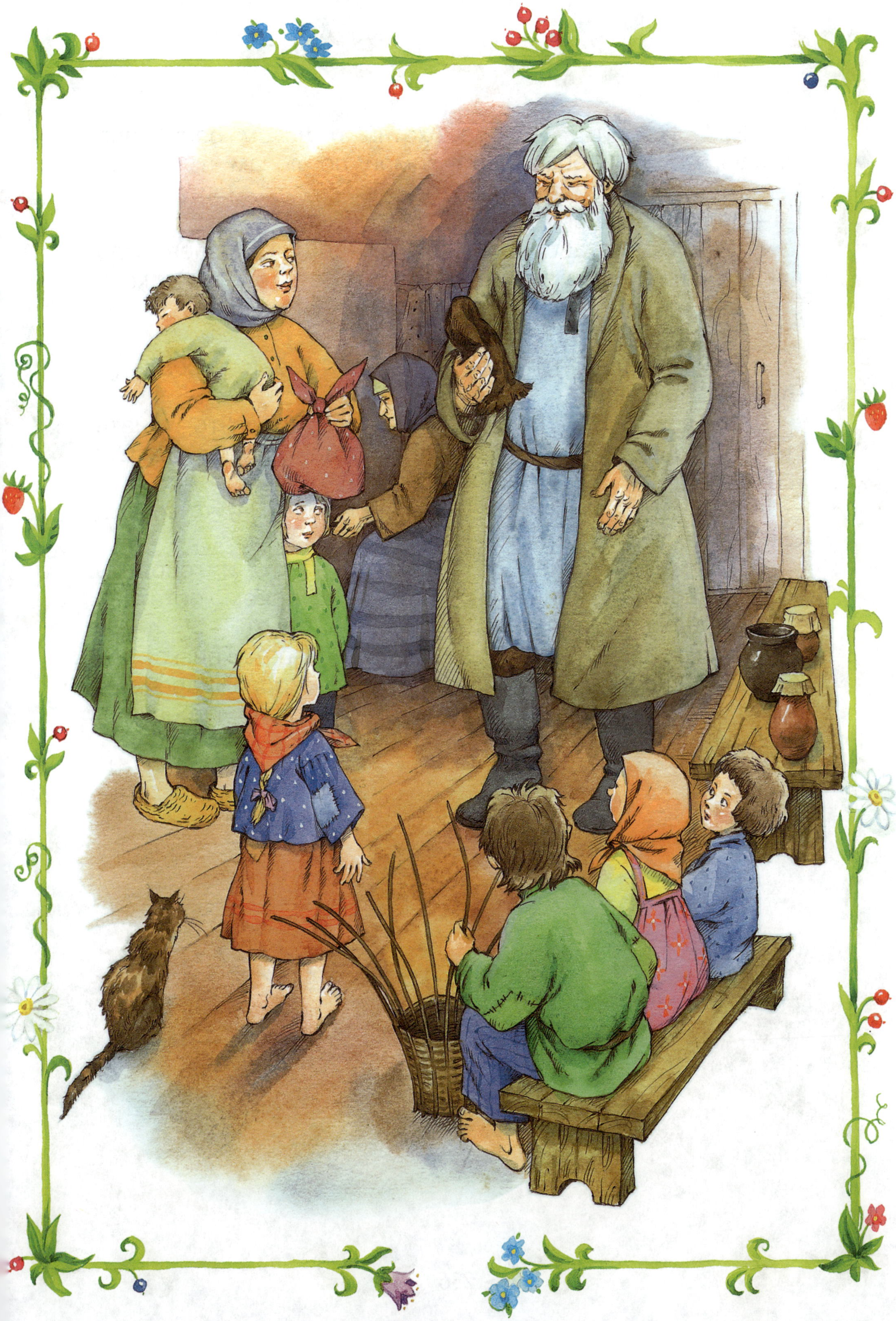

— Я, — говорит, — вроде охотника. Летом пески промываю, золото добываю, а зимой по лесам за козлом бегаю да всё увидеть не могу.

— Застрелишь его?

— Нет, — отвечает Кокованя. — Простых козлов стреляю, а этого не стану. Мне посмотреть охота, в котором месте он правой передней ножкой топнет.

— Тебе на что это?

— А вот пойдёшь ко мне жить, так всё и расскажу, — ответил Кокованя.

Девчоночке любопытно стало про козла-то узнать. И то видит — старик весёлый да ласковый. Она и говорит:

— Пойду. Только ты эту кошку Мурёнку тоже возьми. Гляди, какая хорошая.

— Про это, — отвечает Кокованя, — что и говорить. Такую звонкую кошку не взять — дураком остаться. Вместо балалайки она у нас в избе будет.

Хозяйка слышит их разговор. Рада-радёхонька, что Кокованя сиротку к себе зовёт. Стала скорей Дарёнкины пожитки собирать. Боится, как бы старик не передумал.

Кошка будто тоже понимает весь разговор. Трётся у ног-то да мурлычет:

— Пр-равильно придумал. Пр-равильно.

Вот и повёл Кокованя сиротку к себе жить. Сам большой да бородатый, а она маханькая, и носишко пуговкой. Идут по улице, и кошчонка ободранная за ними попрыгивает. Так и стали жить вместе: дед Кокованя, сиротка Дарёнка да кошка Мурёнка. Жили-поживали, добра много не наживали, а на житьё не плакались, и у всякого дело было. Кокованя с утра на работу уходил. Дарёнка в избе прибирала, похлёбку да кашу варила, а кошка Мурёнка на охоту ходила — мышей ловила. К вечеру соберутся, и весело им. Старик был мастер сказки сказывать, Дарёнка любила те сказки слушать, а кошка Мурёнка лежит да мурлычет:

— Пр-равильно говорит. Пр-равильно.

Только после всякой сказки Дарёнка напомнит:

— Дедо, про козла-то скажи. Какой он?

Кокованя отговаривался сперва, потом и рассказал:

— Тот козёл особенный. У него на правой передней ноге серебряное копытце. В каком месте топнет копытцем — там и появится дорогой камень. Раз топнет — один камень, два топнет — два камня, а где ножкой бить станет — там груда дорогих камней.

Сказал это, да и не рад стал. С той поры у Дарёнки только и разговору что об этом козле.

— Дедо, а он большой?

Рассказал ей Кокованя, что ростом козёл не выше стола, ножки тоненькие, головка лёгонькая. А Дарёнка опять спрашивает:

— Дедо, а рожки у него есть?

— Рожки-то, — отвечает, — у него отменные. У простых козлов на две веточки, а у него на пять веток.

— Дедо, а он кого ест?

— Никого, — отвечает, — не ест. Травой да листом кормится. Ну, сено тоже зимой в стожках подъедает.

— Дедо, а шёрстка у него какая?

— Летом, — отвечает, — буренькая, как вот у Мурёнки нашей, а зимой серенькая.

Стал осенью Кокованя в лес собираться. Надо было ему поглядеть, в которой стороне козлов больше пасётся. Дарёнка и давай проситься:

— Возьми меня, дедо, с собой. Может, я хоть сдалека того козлика увижу.

Кокованя и объясняет ей:

— Сдалека-то его не разглядишь. У всех козлов осенью рожки есть. Не разберёшь, сколько на них веток. Зимой вот — дело другое. Простые козлы безрогие ходят, а этот, Серебряное копытце, всегда с рожками, хоть летом, хоть зимой. Тогда его сдалека признать можно.

Этим и отговорился. Осталась Дарёнка дома, а Кокованя в лес ушёл. Дней через пять воротился Кокованя домой, рассказывает Дарёнке:

— Ныне в Полдневской стороне много козлов пасётся. Туда и пойду зимой.

— А как же, — спрашивает Дарёнка, — зимой-то в лесу ночевать станешь?

— Там, — отвечает, — у меня зимний балаган у покосных ложков поставлен. Хороший балаган, с очагом, с окошечком. Хорошо там.

Дарёнка опять спрашивает:

— Серебряное копытце в той же стороне пасётся?

— Кто его знает. Может, и он там.

Дарёнка тут и давай проситься:

— Возьми меня, дедо, с собой. Я в балагане сидеть буду. Может, Серебряное копытце близко подойдёт — я и погляжу.

Старик сперва руками замахал:

— Что ты! Что ты! Статочное ли дело зимой по лесу маленькой девчонке ходить! На лыжах ведь надо, а ты не умеешь. Угрузнешь в снегу-то. Как я с тобой буду? Замёрзнешь ещё!

Только Дарёнка никак не отстаёт:

— Возьми, дедо! На лыжах-то я маленько умею.

Кокованя отговаривал-отговаривал, потом и подумал про себя: «Сводить разве? Раз побывает, в другой не запросится». Вот он и говорит:

— Ладно, возьму. Только, чур, в лесу не реветь и домой до времени не проситься.

Как зима в полную силу вошла, стали они в лес собираться. Уложил Кокованя на ручные санки сухарей два мешка, припас охотничий и другое, что ему надо. Дарёнка тоже узелок себе навязала. Лоскуточков взяла кукле платье шить, ниток клубок, иголку да ещё верёвку. «Нельзя ли, — думает, — этой верёвкой Серебряное копытце поймать?» Жаль Дарёнке кошку свою оставлять, да что поделаешь! Гладит кошку-то на прощанье, разговаривает с ней:

— Мы, Мурёнка, с дедом в лес пойдём, а ты дома сиди, мышей лови. Как увидим Серебряное копытце, так и воротимся. Я тебе тогда всё расскажу.

Кошка лукаво посматривает, а сама мурлычет:

— Пр-равильно придумала. Пр-равильно.

Пошли Кокованя с Дарёнкой. Все соседи дивуются:

– Из ума выжил старик! Такую маленькую девчонку в лес зимой повёл!

Как стали Кокованя с Дарёнкой из заводу выходить, слышат – собачонки что-то сильно забеспокоились. Такой лай да визг подняли, будто зверя на улицах увидали. Оглянулись – а это Мурёнка серединой улицы бежит, от собак отбивается. Мурёнка к той поре поправилась. Большая да здоровая стала. Собачонки к ней и подступиться не смеют. Хотела Дарёнка кошку поймать да домой унести, только где тебе! Добежала Мурёнка до лесу, да и на сосну. Поди поймай! Покричала Дарёнка, не могла кошку приманить. Что делать? Пошли дальше. Глядят – Мурёнка стороной бежит. Так и до балагана добрались. Вот и стало их в балагане трое. Дарёнка хвалится:

– Веселее так-то.

Кокованя поддакивает:

– Известно, веселее.

А кошка Мурёнка свернулась клубочком у печки и звонко мурлычет:

– Пр-равильно говоришь. Пр-равильно.

Козлов в ту зиму много было. Это простых-то. Кокованя каждый день то одного, то двух к балагану притаскивал. Шкурок у них накопилось, козлиного мяса насолили – на ручных санках не увезти. Надо бы в завод за лошадью сходить, да как Дарёнку с кошкой в лесу оставить! А Дарёнка попривыкла в лесу-то. Сама говорит старику:

– Дедо, сходил бы ты в завод за лошадью. Надо ведь солонину домой перевезти.

Кокованя даже удивился:

– Какая ты у меня разумница, Дарья Григорьевна! Как большая рассудила. Только забоишься, поди, одна-то.

– Чего, – отвечает, – бояться! Балаган у нас крепкий, волкам не добраться. И Мурёнка со мной. Не забоюсь. А ты поскорее ворочайся всё-таки!

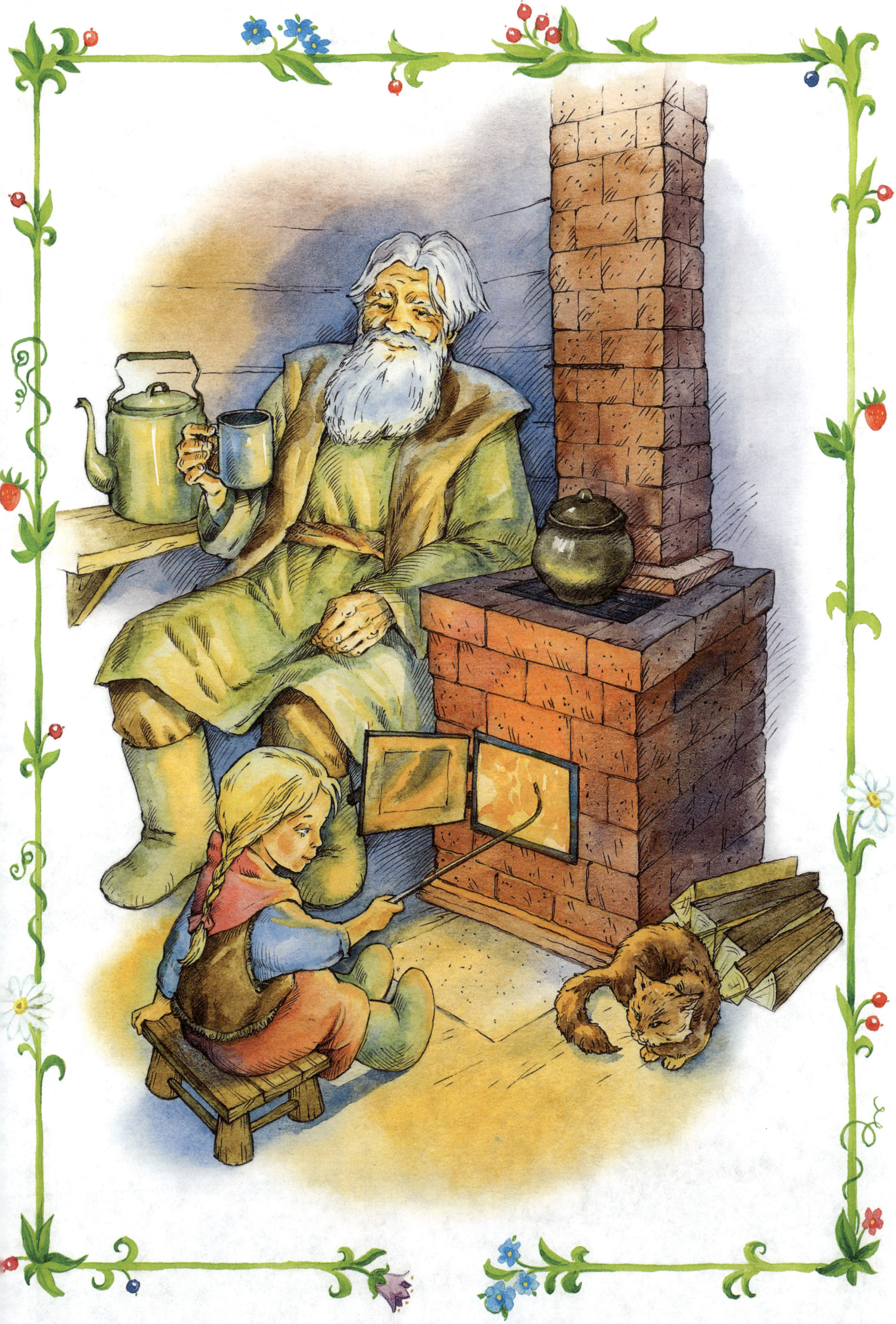

Ушёл Кокованя. Осталась Дарёнка с Мурёнкой. Днём-то привычно было без Кокованя сидеть, пока он козлов выслеживал... Как темнеть стало, запобаивалась. Только глядит – Мурёнка лежит спокойненько. Дарёнка и повеселела. Села к окошечку, смотрит в сторону покосных ложков и видит – по лесу какой-то комочек катится. Как ближе подкатился, разглядела – это козёл бежит. Ножки тоненькие, головка лёгонькая, а на рожках по пяти веточек. Выбежала Дарёнка поглядеть, а никого нет. Воротилась да и говорит:

– Видно, задремала я. Мне и показалось.

Мурёнка мурлычет:

– Пр-равильно говоришь. Пр-равильно.

Легла Дарёнка рядом с кошкой да и уснула до утра. Другой день прошёл. Не воротился Кокованя. Скучненько стало Дарёнке, а не плачет. Гладит Мурёнку да приговаривает:

— Не скучай, Мурёнушка! Завтра дедо непременно придёт.

Мурёнка свою песенку поёт:

— Пр-равильно говоришь. Пр-равильно.

Посидела опять Дарёнушка у окошка, полюбовалась на звёзды. Хотела спать ложиться, вдруг по стенке топоток прошёл. Испугалась Дарёнка, а топоток по другой стене, потом по той, где окошечко, потом где дверка, а там и сверху запостукивало. Не громко, будто кто лёгонький да быстрый ходит. Дарёнка и думает: «Не козёл ли тот вчерашний прибежал?» И до того ей захотелось поглядеть, что и страх не держит. Отворила дверку, глядит, а козёл — тут, вовсе близко. Правую переднюю ножку поднял — вот топнет, а на ней серебряное копытце блестит, и рожки у козла о пяти ветках. Дарёнка не знает, что ей делать, да и манит его, как домашнего:

— Ме-ка! Ме-ка!

Козёл на это как рассмеялся.

Повернулся и побежал. Пришла Дарёнушка в балаган, рассказывает Мурёнке:

– Поглядела я на Серебряное копытце. И рожки видела, и копытце видела. Не видела только, как тот козлик ножкой дорогие камни выбивает. Другой раз, видно, покажет.

Мурёнка знай свою песенку поёт:

– Пр-равильно говоришь. Пр-равильно.

Третий день прошёл, а всё Коковани нет. Вовсе затуманилась Дарёнка. Слёзки запокапывали. Хотела с Мурёнкой поговорить, а её нету. Тут вовсе испугалась Дарёнушка, из балагана выбежала кошку искать. Ночь месячная, светлая, далеко видно. Глядит Дарёнка – кошка близко на покосном ложке сидит, а перед ней козёл. Стоит, ножку поднял, а на ней серебряное копытце блестит. Мурёнка головой покачивает, и козёл тоже. Будто разговаривают. Потом стали по покосным ложкам бегать. Бежит-бежит козёл, остановится и давай копытцем бить. Мурёнка подбежит, козёл дальше отскочит и опять копытцем бьёт. Долго они так-то по покосным ложкам бегали. Не видно их стало. Потом опять к самому балагану воротились. Тут вспрыгнул козёл на крышу и давай по ней серебряным копытцем бить. Как искры, из-под ножки-то камешки посыпались. Красные, голубые, зелёные, бирюзовые – всякие. К этой поре как раз Кокованя и вернулся. Узнать своего балагана не может. Весь он как ворох дорогих камней стал. Так и горит-переливается разными огнями. Наверху козёл стоит – и всё бьёт да бьёт серебряным копытцем, а камни сыплются да сыплются. Вдруг Мурёнка скок туда же. Встала рядом с козлом, громко замяукала, и ни Мурёнки, ни Серебряного копытца не стало. Кокованя сразу полшапки камней нагрёб, да Дарёнка запросила:

– Не тронь, дедо! Завтра днём ещё на это поглядим.

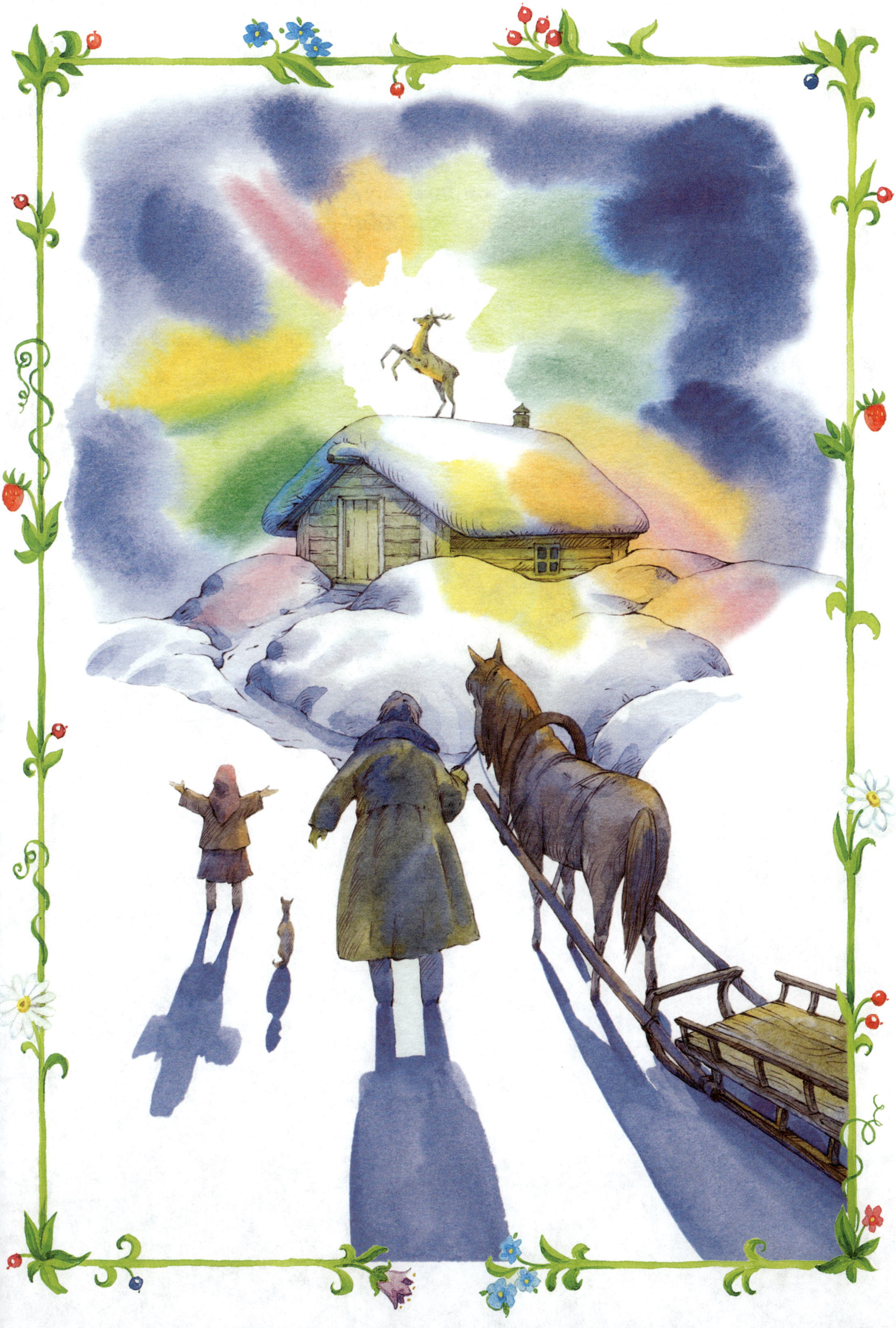

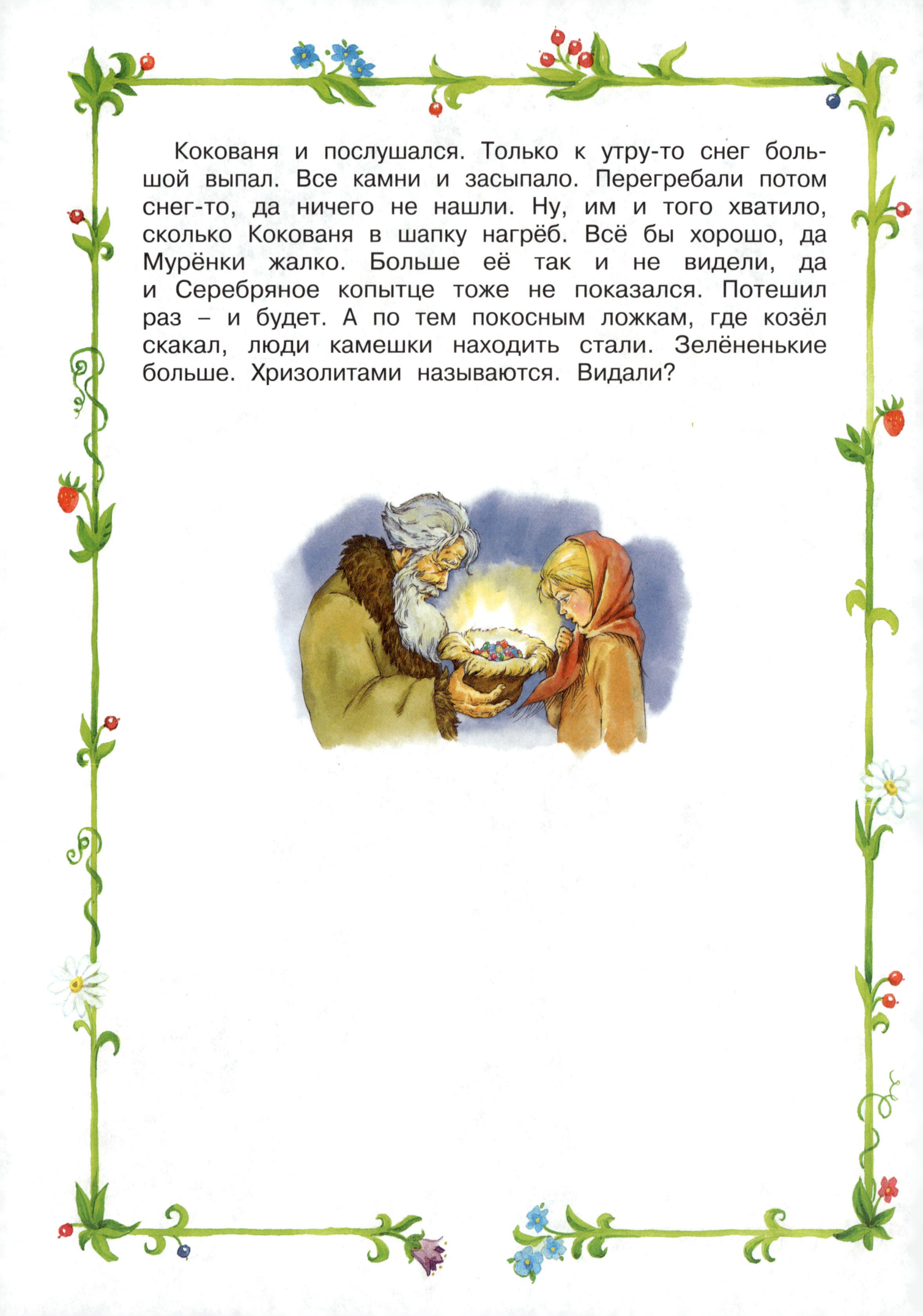

Кокованя и послушался. Только к утру-то снег большой выпал. Все камни и засыпало. Перегребали потом снег-то, да ничего не нашли. Ну, им и того хватило, сколько Кокованя в шапку нагрёб. Всё бы хорошо, да Мурёнки жалко. Больше её так и не видели, да и Серебряное копытце тоже не показался. Потешил раз – и будет. А по тем покосным ложкам, где козёл скакал, люди камешки находить стали. Зелёненькие больше. Хризолитами называются. Видали?

В. Гаршин
ЛЯГУШКА-ПУТЕШЕСТВЕННИЦА

Жила-была на свете лягушка-квакушка. Сидела она в болоте, ловила комаров да мошку, весною громко квакала вместе со своими подругами. И весь век она прожила бы благополучно – конечно, в том случае, если бы не съел её аист. Но случилось одно происшествие.

Однажды она сидела на сучке высунувшейся из воды коряги и наслаждалась тёплым мелким дождиком.

«Ах, какая сегодня прекрасная мокрая погода! – думала она. – Какое это наслаждение – жить на свете!»

Дождик моросил по её пёстренькой лакированной спинке; капли его подтекали ей под брюшко и за лапки, и это было восхитительно приятно, так приятно, что она чуть-чуть не заквакала, но, к счастью, вспомнила, что была уже осень и что осенью лягушки не квакают, – на это есть весна, – и что, заквакав, она может уронить своё лягушачье достоинство. Поэтому она промолчала и продолжала нежиться.

Вдруг тонкий, свистящий, прерывистый звук раздался в воздухе. Есть такая порода уток: когда они летят, то их крылья, рассекая воздух, точно поют, или, лучше сказать, посвистывают. Фью-фью-фью – раздаётся в воздухе, когда летит высоко над вами стая таких уток, а их самих даже и не видно: так они высоко летят. На этот раз утки, описав огромный полукруг, опустились и сели как раз в то самое болото, где жила лягушка.

– Кря-кря! – сказала одна из них. – Лететь ещё далеко: надо покушать.

И лягушка сейчас же спряталась. Хотя она и знала, что утки не станут есть её, большую и толстую квакушку, но всё-таки, на всякий случай, она нырнула под корягу. Однако, подумав, она решилась высунуть из воды свою лупоглазую голову: ей было очень интересно узнать, куда летят утки.

– Кря, кря! – сказала другая утка. – Уже холодно становится! Скорей на юг! Скорей на юг!

И все утки стали громко крякать в знак одобрения.

– Госпожи утки! – осмелилась сказать лягушка. – Что такое юг, на который вы летите? Прошу извинения за беспокойство.

И утки окружили лягушку. Сначала у них явилось желание съесть её, но каждая из них подумала, что лягушка слишком велика и не пролезет в горло. Тогда все они начали кричать, хлопая крыльями:

– Хорошо на юге! Теперь там тепло! Там есть такие славные, тёплые болота! Какие там червяки! Хорошо на юге!

Они так кричали, что почти оглушили лягушку. Едва-едва она убедила их замолчать и попросила одну из

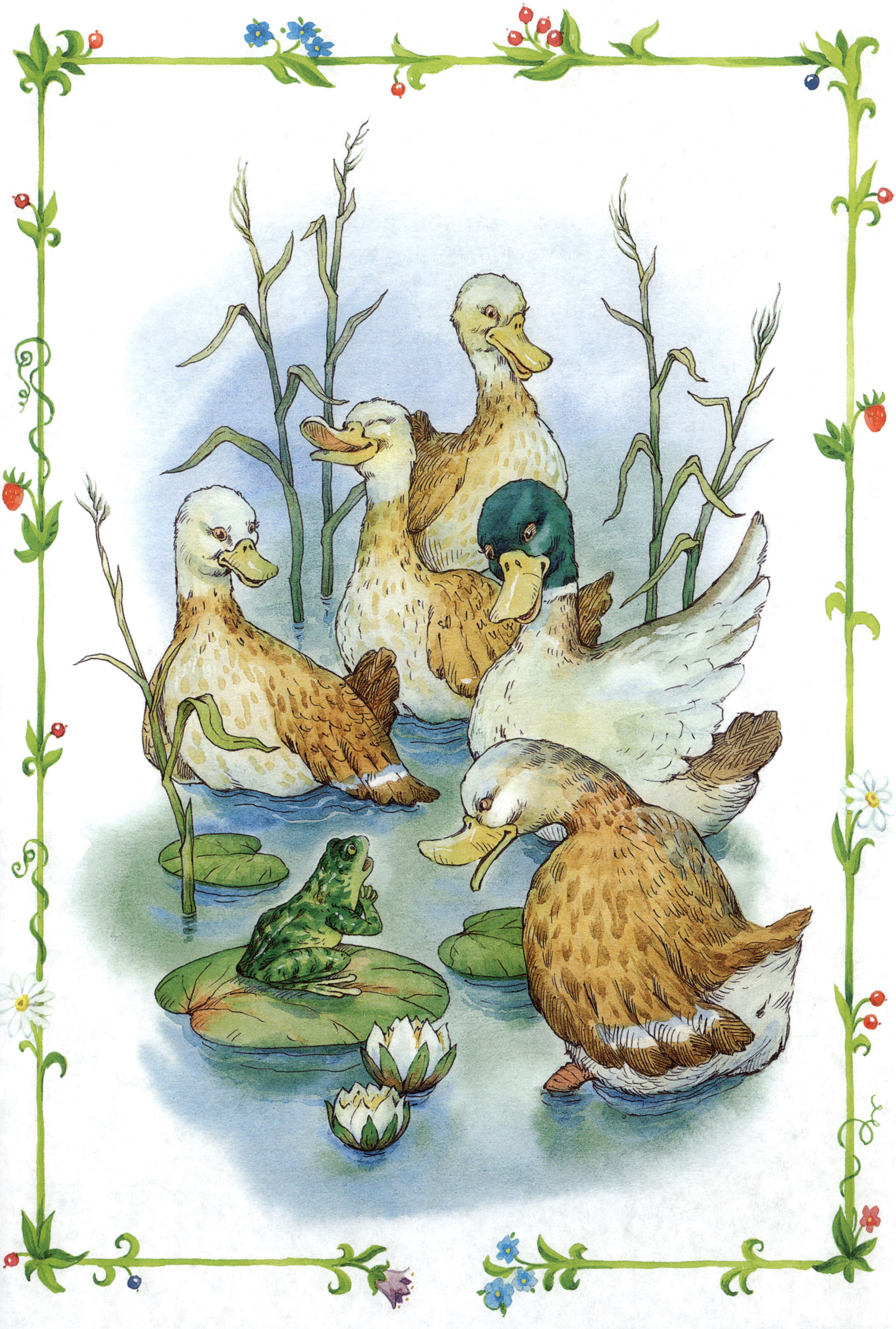

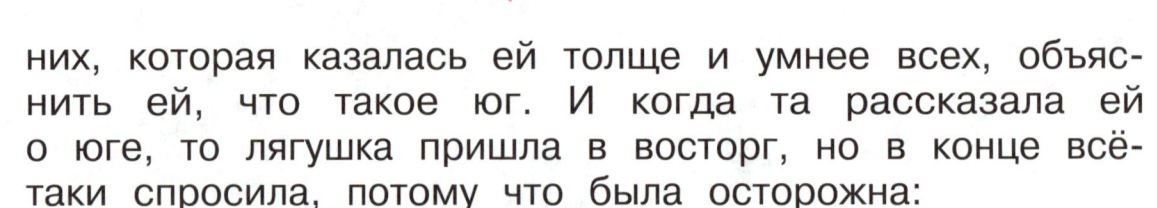

них, которая казалась ей толще и умнее всех, объяснить ей, что такое юг. И когда та рассказала ей о юге, то лягушка пришла в восторг, но в конце всё-таки спросила, потому что была осторожна:

— А много ли там мошек и комаров?

— О! Целые тучи! — отвечала утка.

— Ква! — сказала лягушка и тут же обернулась посмотреть, нет ли здесь подруг, которые могли бы услышать её и осудить за кваканье осенью.

Она уже никак не могла удержаться, чтобы не квакнуть хоть разик.

— Возьмите меня с собой!

— Это мне удивительно! — воскликнула утка. — Как мы тебя возьмём? У тебя нет крыльев.

— Когда вы летите? — спросила лягушка.

— Скоро, скоро! — закричали все утки. — Кря, кря! Кря, кря! Тут холодно! На юг! На юг!

— Позвольте мне подумать только пять минут, — сказала лягушка. — Я сейчас вернусь, я наверное придумаю что-нибудь хорошее.

И она шлёпнулась с сучка, на который было снова влезла, в воду, нырнула в тину и совершенно зарылась в ней, чтобы посторонние предметы не мешали ей размышлять. Пять минут прошло, утки совсем было собрались лететь, как вдруг из воды, около сучка, на котором сидела лягушка, показалась её морда, и выражение этой морды было самое сияющее, на какое только способна лягушка.

— Я придумала! Я нашла! — сказала она. — Пусть две из вас возьмут в свои клювы прутик, а я прицеплюсь за него посередине. Вы будете лететь, а я ехать. Нужно только, чтобы вы не крякали, а я не квакала, и всё будет превосходно.

Хотя молчать и тащить хотя бы и лёгкую лягушку три тысячи вёрст не бог знает какое удовольствие, но её ум привёл уток в такой восторг, что они единодушно согласились нести её. Решили переменяться каждые два часа, и так как уток было, как говорится в загадке, столько, да ещё столько, да полстолька, да четвертьстолька, а лягушка была одна, то нести её приходилось не особенно часто.

Нашли хороший, прочный прутик, две утки взяли его в клювы, лягушка прицепилась ртом за середину, и всё стадо поднялось в воздух. У лягушки захватило дух от страшной высоты, на которую её подняли; кроме того, утки летели неровно и дёргали прутик; бедная квакушка болталась в воздухе, как бумажный паяц, и изо всей мочи стискивала свои челюсти, чтобы не оторваться и не шлёпнуться на землю. Однако она скоро привыкла к своему положению и даже начала осматриваться. Под нею быстро проносились поля, луга, реки и горы, которые ей, впрочем, было очень трудно рассматривать, потому что, вися на прутике, она смотрела назад и немного вверх, но кое-что всё-таки видела и радовалась и гордилась.

«Вот как я превосходно придумала», – думала она про себя.

А утки летели вслед за нёсшей её передней парой, кричали и хвалили её.

– Удивительно умная голова наша лягушка, – говорили они. – Даже между утками мало таких найдётся.

Она едва удержалась, чтобы не поблагодарить их, но, вспомнив, что, открыв рот, она свалится со страшной высоты, ещё крепче стиснула челюсти и решила терпеть. Она болталась таким образом целый день: нёсшие её утки переменялись на лету, ловко подхватывая прутик. Это было очень страшно: не раз лягушка чуть было не квакнула от страха, но нужно было иметь присутствие духа, и она его имела.

Вечером вся компания остановилась в каком-то болоте; с зарёю утки с лягушкой снова пустились в путь, но на этот раз путешественница, чтобы лучше видеть, что делается в пути, прицепилась спинкой и головой вперёд, а брюшком назад. Утки летели над сжатыми полями, над пожелтевшими лесами и над деревнями, полными хлеба в скирдах; оттуда доносился людской говор и стук цепов, которыми молотили рожь. Люди смотрели на стаю уток и, замечая в ней что-то странное, показывали на неё руками. И лягушке ужасно захотелось лететь поближе к земле, показать себя и послушать, что о ней говорят. На следующем отдыхе она сказала:

— Нельзя ли нам лететь не так высоко? У меня от высоты кружится голова, и я боюсь свалиться, если мне вдруг сделается дурно.

И добрые утки обещали ей лететь пониже. На следующий день они летели так низко, что слышали голоса:

– Смотрите, смотрите! – кричали дети в одной деревне. – Утки лягушку несут!

Лягушка услышала это, и у неё прыгало сердце.

– Смотрите, смотрите! – кричали в другой деревне взрослые. – Вот чудо-то!

«Знают ли они, что это придумала я, а не утки?» – подумала квакушка.

– Смотрите, смотрите! – кричали в третьей деревне. – Экое чудо! И кто это придумал такую хитрую штуку?

Тут лягушка уже не выдержала и, забыв всякую осторожность, закричала изо всей мочи:

– Это я! Я!

И с этим криком она полетела вверх тормашками на землю. Утки громко закричали; одна из них хотела подхватить бедную спутницу на лету, но промахнулась. Лягушка, дрыгая всеми четырьмя лапками, быстро падала на землю; но так как утки летели очень быстро, то и она упала не прямо на то место, над которым закричала и где была твёрдая дорога, а гораздо дальше, что было для неё большим счастьем, потому что она бултыхнулась в грязный пруд на краю деревни.

Она скоро вынырнула из воды и тотчас же опять сгоряча закричала во всё горло:

– Это я! Это я придумала!

Но вокруг неё никого не было. Испуганные неожиданным плеском, местные лягушки все попрятались в воду. Когда они начали показываться из неё, то с удивлением смотрели на новую.

И она рассказала им чудную историю о том, как она думала всю жизнь и наконец изобрела новый, необыкновенный способ путешествия на утках; как у неё были свои собственные утки, которые носили её, куда ей было угодно; как она побывала на прекрасном юге, где так хорошо, где такие прекрасные

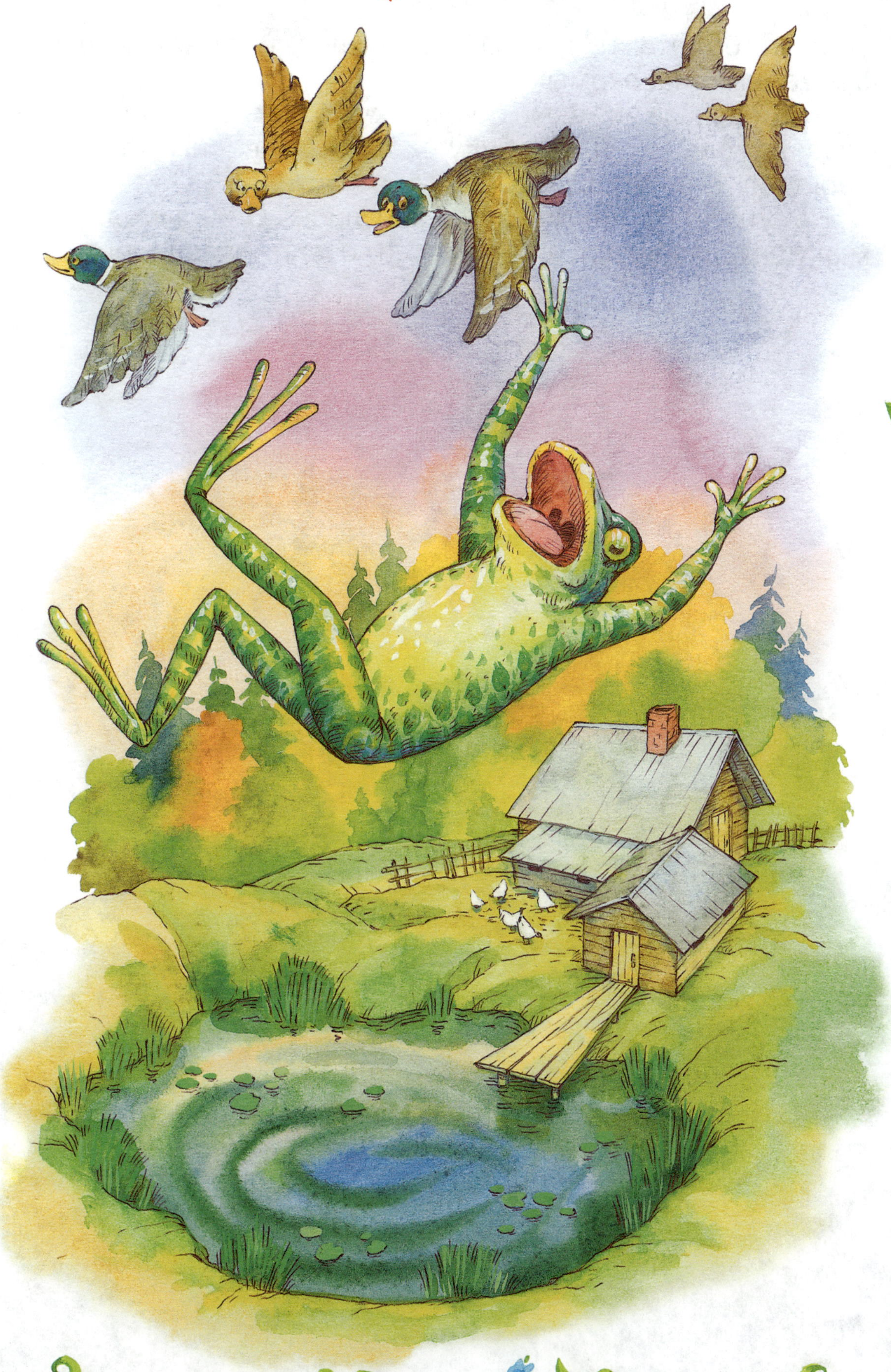

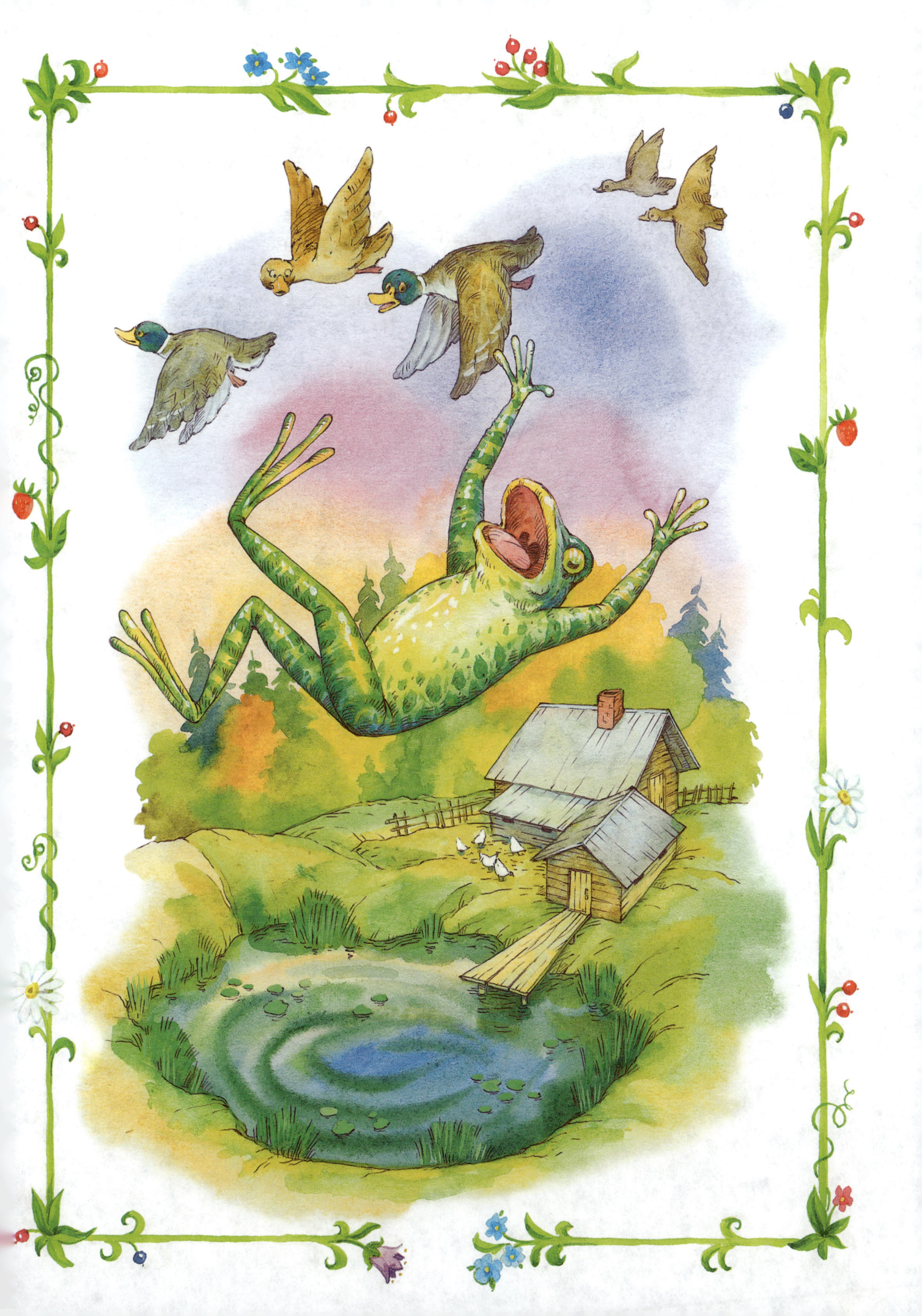

тёплые болота и так много мошек и всяких других съедобных насекомых.

— Я заехала к вам посмотреть, как вы живёте, — сказала она. — Я пробуду у вас до весны, пока не вернутся мои утки, которых я отпустила.

Но утки уже никогда не вернулись. Они думали, что квакушка разбилась о землю, и очень жалели её.

Д. Мамин-Сибиряк

СКАЗКА ПРО ХРАБРОГО ЗАЙЦА — ДЛИННЫЕ УШИ — КОСЫЕ ГЛАЗА — КОРОТКИЙ ХВОСТ

Родился зайчик в лесу и всего боялся. Треснет где-нибудь сучок, вспорхнёт птица, упадёт с дерева ком снега — у зайчика душа в пятки. Боялся зайчик день, боялся два, боялся неделю, боялся год; а потом вырос он большой, и вдруг надоело ему бояться.

— Никого я не боюсь! — крикнул он на весь лес. — Вот не боюсь нисколько, и всё тут!

Собрались старые зайцы, сбежались маленькие зайчата, приплелись старые зайчихи — все слушают, как хвастается заяц Длинные Уши – Косые Глаза – Короткий Хвост, – слушают и своим собственным ушам не верят. Не было ещё, чтобы заяц не боялся никого.

— Эй, ты, Косой Глаз, ты и волка не боишься?

— И волка не боюсь, и лисицы, и медведя – никого не боюсь!

Это уж выходило совсем забавно. Хихикнули молодые зайчата, прикрыв мордочки передними лапками, засмеялись добрые старушки зайчихи, улыбнулись даже старые зайцы, побывавшие в лапах у лисы и отведавшие волчьих зубов.

Очень уж смешной заяц!.. Ах, какой смешной! И всем вдруг сделалось весело.

Начали кувыркаться, прыгать, скакать, перегонять друг друга, точно все с ума сошли.

— Да что тут долго говорить! – кричал расхрабрившийся окончательно заяц. – Ежели мне попадётся волк, так я его сам съем...

— Ах, какой смешной заяц! Ах, какой он глупый!..

Все видят, что и смешной и глупый, и все смеются. Кричат зайцы про волка, а волк – тут как тут.

Ходил он, ходил по лесу по своим волчьим делам, проголодался и только подумал: «Вот бы хорошо зайчиком закусить!» – как слышит, что где-то совсем близко зайцы кричат и его, серого волка, поминают.

Сейчас он остановился, понюхал воздух и начал подкрадываться.

Совсем близко подошёл волк к разыгравшимся зайцам, слышит, как они над ним смеются, а всех больше – хвастун заяц – Длинные Уши – Косые Глаза – Короткий Хвост.

«Э, брат, погоди, вот тебя-то я и съем!» – подумал серый волк и начал выглядывать, который заяц хвастается своей храбростью.

А зайцы ничего не видят и веселятся пуще прежнего.

Кончилось тем, что хвастун заяц взобрался на пенёк, уселся на передние лапки и заговорил:

— Слушайте, вы, трусы! Слушайте и смотрите на меня. Вот я сейчас покажу вам одну штуку. Я... я... я...

Тут язык у хвастуна точно примёрз. Заяц увидел глядевшего на него волка.

Другие не видели, а он видел и не смел дохнуть.

Дальше случилась совсем необыкновенная вещь.

Заяц-хвастун подпрыгнул кверху, точно мячик, и со страху упал прямо на широкий волчий лоб, кубарем прокатился по волчьей спине, перевернулся ещё раз в воздухе и потом задал такого стрекача, что, кажется, готов был выскочить из собственной кожи.

Долго бежал несчастный зайчик, бежал, пока совсем не выбился из сил.

Ему всё казалось, что волк гонится по пятам и вот-вот схватит его своими зубами.

Наконец совсем обессилел бедняга, закрыл глаза и замертво свалился под куст. А волк в это время бежал в другую сторону.

Когда заяц упал на него, ему показалось, что кто-то в него выстрелил.

И волк убежал. Мало ли в лесу других зайцев можно найти, а этот был какой-то бешеный.

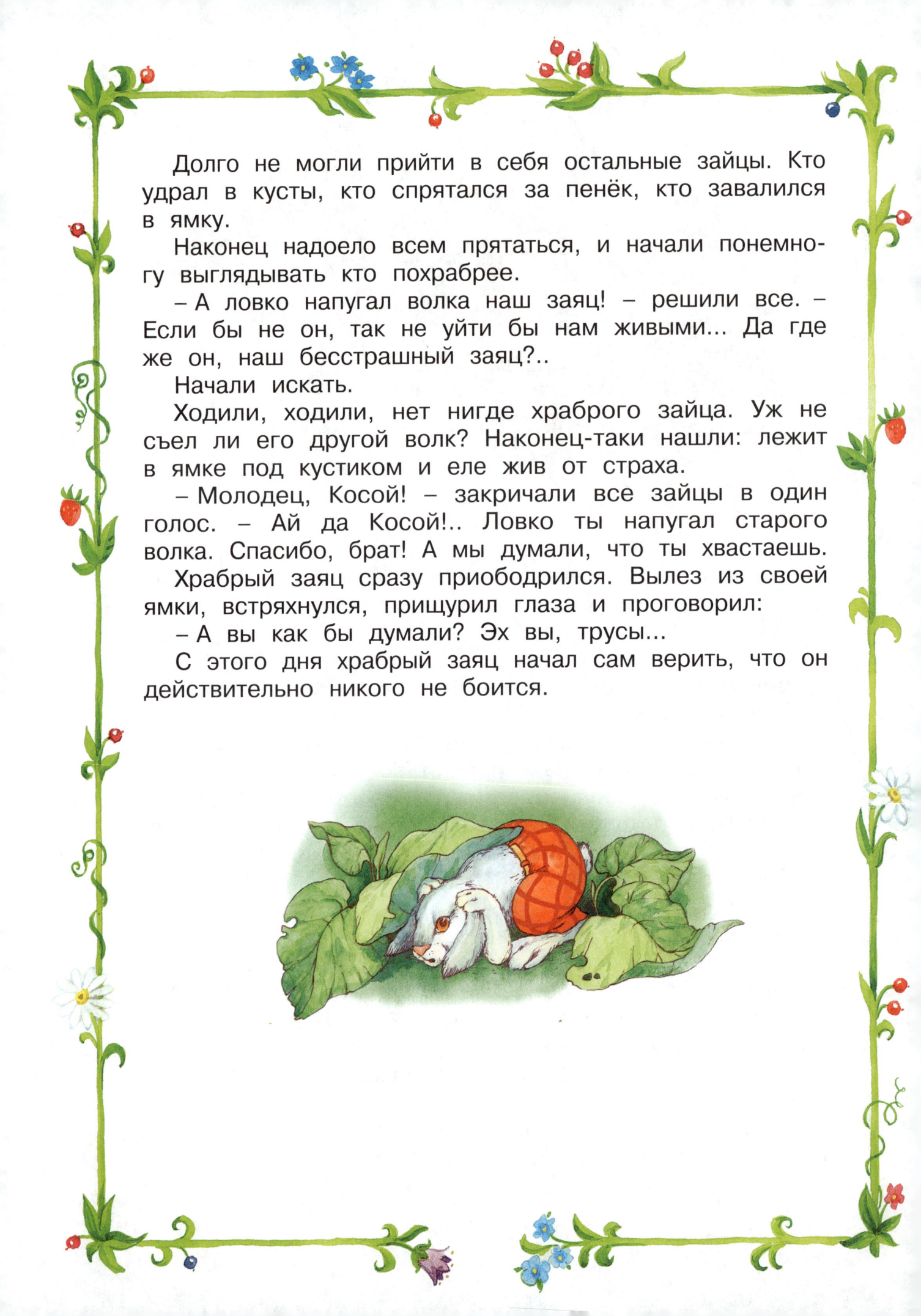

Долго не могли прийти в себя остальные зайцы. Кто удрал в кусты, кто спрятался за пенёк, кто завалился в ямку.

Наконец надоело всем прятаться, и начали понемногу выглядывать кто похрабрее.

– А ловко напугал волка наш заяц! – решили все. – Если бы не он, так не уйти бы нам живыми... Да где же он, наш бесстрашный заяц?..

Начали искать.

Ходили, ходили, нет нигде храброго зайца. Уж не съел ли его другой волк? Наконец-таки нашли: лежит в ямке под кустиком и еле жив от страха.

– Молодец, Косой! – закричали все зайцы в один голос. – Ай да Косой!.. Ловко ты напугал старого волка. Спасибо, брат! А мы думали, что ты хвастаешь.

Храбрый заяц сразу приободрился. Вылез из своей ямки, встряхнулся, прищурил глаза и проговорил:

– А вы как бы думали? Эх вы, трусы...

С этого дня храбрый заяц начал сам верить, что он действительно никого не боится.

У СТРАХА ГЛАЗА ВЕЛИКИ

Жили-были бабушка-старушка, внучка-хохотушка, курочка-клохтушка и мышка-норушка.

Каждый день ходили они за водой. У бабушки были вёдра большие, у внучки – поменьше, у курочки – с огурчик, у мышки – с напёрсток.

Бабушка брала воду из колодца, внучка – из колоды, курочка – из лужицы, а мышка – из следа от поросячьего копытца.

Назад идут, у бабушки вода трё-ё-х, плё-ё-х! У внучки – трёх! плёх! У курочки – трёх-трёх! плёх-плёх! У мышки – трёх-трёх-трёх! плёх-плёх-плёх!

Вот раз наши водоносы пошли за водой. Воды набрали, идут домой через огород.

А в огороде яблонька росла, и на ней яблоки висели. А под яблонькой зайка сидел. Налетел на яблоньку ветерок, яблоньку качнул, яблочко хлоп – и зайке в лоб!

Прыгнул зайка, да прямо нашим водоносам под ноги. Испугались они, вёдра побросали и домой побежали. Бабушка на лавку упала, внучка за бабку спряталась, курочка на печку взлетела, а мышка под печку схоронилась. Бабка охает:

— Ох! Медведище меня чуть не задавил!

Внучка плачет:

— Бабушка, волк-то какой страшный на меня наскочил!

Курочка на печке кудахчет:

— Ко-ко-ко! Лиса ведь ко мне подкралась, чуть не сцапала!

А мышка из-под печки пищит:

— Котище-то какой усатый! Вот страху я натерпелась!

А зайка в лес прибежал, под кустик лёг и думает: «Вот страсти-то! Четыре охотника за мной гнались, и все с собаками; как только меня ноги унесли!»

Верно говорят: «У страха глаза велики: чего нет, и то видят».

СИВКА-БУРКА

Жил-был старик, у него было три сына. Старшие занимались хозяйством, были тароваты и щеголеваты, а младший, Иван-дурак, был так себе – любил в лес ходить по грибы, а дома всё больше на печи сидел. Пришло время старику умирать, вот он и наказывает сыновьям:

– Когда помру, вы три ночи подряд ходите ко мне на могилу, приносите мне хлеба.

Старика этого схоронили. Приходит ночь, надо бо́льшему брату идти на могилу, а ему не то лень, не то боится, – он и говорит младшему брату:

– Ваня, замени меня в эту ночь, сходи к отцу на могилу. Я тебе пряник куплю.

Иван согласился, взял хлеба, пошёл к отцу на могилу. Сел, дожидается. В полночь земля расступилась, отец поднялся из могилы и говорит:

— Кто тут? Ты ли, мой больший сын? Скажи, что делается на Руси: собаки ли лают, волки ли воют, или чадо моё плачет?

Иван отвечает:

— Это я, твой сын. А на Руси всё спокойно.

Отец наелся хлеба и лёг в могилу. А Иван направился домой, дорóгой набрал грибов. Приходит – старший брат его спрашивает:

— Видел отца?

— Видел.

— Ел он хлеб?

— Ел. Досыта наелся.

Настала вторая ночь. Надо идти среднему брату, а ему не то лень, не то боится, – он и говорит:

— Ваня, сходи за меня к отцу. Я тебе лапти сплету.

— Ладно.

Взял Иван хлеба, пошёл к отцу на могилу, сел, дожидается. В полночь земля расступилась, отец поднялся и спрашивает:

— Кто тут? Ты ли, мой середний сын? Скажи, что делается на Руси: собаки ли лают, волки ли воют, или моё чадо плачет?

Иван отвечает:

— Это я, твой сын. А на Руси всё спокойно.

Отец наелся хлеба и лёг в могилу. А Иван направился домой, дорогой опять набрал грибов. Средний брат его спрашивает:

— Отец ел хлеб?

— Ел. Досыта наелся.

На третью ночь настала очередь идти Ивану. Он говорит братьям:

— Я две ночи ходил. Ступайте теперь вы к отцу на могилу, а я отдохну.

Братья ему отвечают:

— Что ты, Ваня, тебе стало там знакомо, иди лучше ты.

— Ну ладно.

Иван взял хлеба, пошёл. В полночь земля расступается, отец поднялся из могилы:

— Кто тут? Ты ли, мой младший сын Ваня? Скажи, что делается на Руси: собаки ли лают, волки ли воют, или чадо моё плачет?

Иван отвечает:

— Здесь твой сын Ваня. А на Руси всё спокойно.

Отец наелся хлеба и говорит ему:

— Один ты исполнил мой наказ, не побоялся три ночи ходить ко мне на могилу. Выдь в чистое поле и крикни: «Сивка-бурка, вещая каурка, стань передо мной, как лист перед травой!» Конь к тебе прибежит, ты залезь ему в правое ухо, а вылезь в левое. Станешь куда какой молодец. Садись на коня и поезжай.

Иван взял узду, поблагодарил отца и пошёл домой, дорогой опять набрал грибов. Дома братья его спрашивают:

— Видел отца?

— Видел.

— Ел он хлеб?

— Отец наелся досыта и больше не велел приходить.

В это время царь кликнул клич: всем добрым молодцам, холостым, неженатым, съезжаться на царский двор. Дочь его, Несравненная Красота, велела построить себе терем о двенадцати столбах, о двенадцати венцах. В этом тереме она сядет на самый верх и будет ждать, кто бы с одного лошадиного скока доскочил до неё и поцеловал в губы. За такого наездника, какого бы роду он ни был, царь отдаст в жёны свою дочь, Несравненную Красоту, и полцарства в придачу.

Услышали об этом Ивановы братья и говорят между собой:

— Давай попытаем счастья.

Вот они добрых коней овсом накормили, выводили, сами оделись чисто, кудри расчесали. А Иван сидит на печи за трубой и говорит им:

– Братья, возьмите меня с собой счастья попытать!
– Дурак, запечина! Ступай лучше в лес за грибами, нечего людей смешить.

Братья сели на добрых коней, шапки заломили, свистнули, гикнули – только пыль столбом. А Иван взял узду и пошёл в чистое поле. Вышел в чистое поле и крикнул, как отец его учил:

– Сивка-бурка, вещая каурка, стань передо мной, как лист перед травой!

Откуда ни возьмись, конь бежит, земля дрожит, из ноздрей пламя пышет, из ушей дым столбом валит. Стал как вкопанный и спрашивает:

– Чего велишь?

Иван коня погладил, взнуздал, влез ему в правое ухо, а в левое вылез и сделался таким молодцом, что ни вздумать, ни взгадать, ни пером написать. Сел на коня и поехал на царский двор. Сивка-бурка бежит, земля дрожит, горы-долы хвостом застилает, пни-колоды промеж ног пускает. Приезжает Иван на царский двор, а там народу видимо-невидимо. В высоком тереме о двенадцати столбах, о двенадцати венцах на самом верху в окошке сидит царевна Несравненная Красота.

Царь вышел на крыльцо и говорит:

– Кто из вас, молодцы, с разлёту на коне доскочит до окошка да поцелует мою дочь в губы, за того отдам её замуж и полцарства в придачу.

Тогда добрые молодцы начали скакать. Куда там – высоко, не достать! Попытались Ивановы братья, до середины не доскочили. Дошла очередь до Ивана.

Он разогнал Сивку-бурку, гикнул, ахнул, скакнул – двух венцов только не достал. Взвился опять, разлетелся в другой раз – одного венца не достал. Ещё завертелся, закружился, разгорячил коня и дал рыскача – как огонь, пролетел мимо окошка, поцеловал царевну Несравненную Красоту в сахарные уста, а царевна ударила его кольцом в лоб, приложила печать.

Тут весь народ закричал:

– Держи, держи его!

А его и след простыл.

Прискакал Иван в чистое поле, влез Сивке-бурке в левое ухо, а из правого вылез и сделался опять Иваном-дураком. Коня пустил, а сам пошёл домой, по дороге набрал грибов. Обвязал лоб тряпицей, залез на печь и полёживает.

Приезжают его братья, рассказывают, где были и что видели.

Были хороши молодцы, а один лучше всех – с разлету на коне царевну в уста поцеловал. Видели, откуда при-ехал, а не видели, куда уехал.

Иван сидит за трубой и говорит:

– Да не я ли это был?

Братья на него рассердились:

– Дурак – дурацкое и орёт! Сиди на печи да ешь свои грибы.

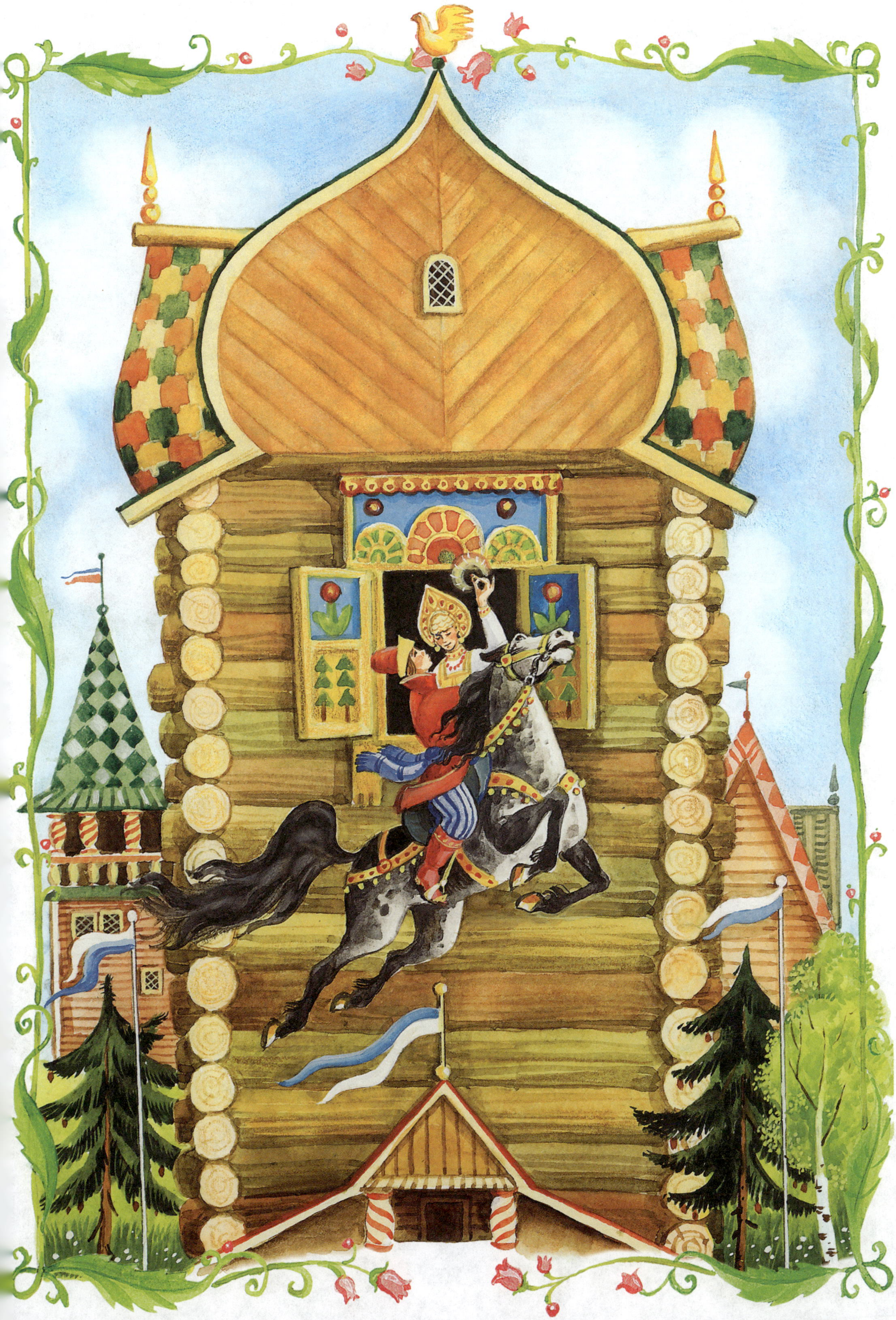

Иван потихоньку развязал тряпицу на лбу, где его царевна кольцом ударила, — избу огнём осветило. Братья испугались, закричали:

— Что ты, дурак, делаешь? Избу сожжёшь!

На другой день царь зовёт к себе на пир всех бояр и князей, и простых людей, и богатых и нищих, и старых и малых.

Ивановы братья стали собираться к царю на пир. Иван им говорит:

— Возьмите меня с собой!

— Куда тебе, дураку, людей смешить! Сиди на печи да ешь свои грибы.

Братья сели на добрых коней и поехали, а Иван пошёл пешком. Приходит к царю на пир и сел в дальний угол. Царевна Несравненная Красота начала гостей обходить. Подносит чашу с мёдом и смотрит, у кого на лбу печать.

Обошла она всех гостей, подходит к Ивану, а у самой сердце так и защемило. Взглянула на него – он весь в саже, волосы дыбом.

Царевна Несравненная Красота стала его спрашивать:

– Чей ты? Откуда? Для чего лоб завязал?

– Ушибся.

Царевна ему лоб развязала – вдруг свет по всему дворцу. Она и вскрикнула:

– Это моя печать! Вот где мой суженый!

Царь подходит и говорит:

– Какой это суженый! Он дурной, весь в саже.

Иван говорит царю:

– Дозволь мне умыться.

Царь дозволил. Иван вышел на двор и крикнул, как его отец учил:

– Сивка-бурка, вещая каурка, стань передо мной, как лист перед травой!

Откуда ни возьмись, конь бежит, земля дрожит, из ноздрей пламя пышет, из ушей дым столбом валит. Иван ему в правое ухо влез, из левого вылез и сделался таким молодцом, что ни вздумать, ни взгадать, ни пером написать. Весь народ так и ахнул.

Разговоры тут были коротки: весёлым пирком да за свадебку.

ПО ЩУЧЬЕМУ ВЕЛЕНЬЮ

Жил-был старик. У него было три сына: двое умных, третий – дурачок Емеля.

Те братья работают, а Емеля целый день лежит на печке, знать ничего не хочет. Один раз братья уехали на базар, а бабы, невестки, давай посылать его:

– Сходи, Емеля, за водой.

А он им с печки:

– Неохота...

– Сходи, Емеля, а то братья с базара воротятся, гостинцев тебе не привезут.

– Ну, ладно.

Слез Емеля с печки, обулся, оделся, взял вёдра да топор и пошёл на речку. Прорубил лёд, зачерпнул вёдра и поставил их, а сам глядит в прорубь. И увидел Емеля в проруби щуку. Изловчился и ухватил щуку в руку:

— Вот уха будет сладка!

Вдруг щука говорит ему человечьим голосом:

— Емеля, отпусти меня в воду, я тебе пригожусь.

А Емеля смеётся:

— На что ты мне пригодишься?.. Нет, понесу тебя домой, велю невесткам уху сварить. Будет уха сладка.

Щука взмолилась опять:

— Емеля, Емеля, отпусти меня в воду, я тебе сделаю всё, что ни пожелаешь.

— Ладно, только покажи сначала, что не обманываешь меня, тогда отпущу.

Щука его спрашивает:

— Емеля, Емеля, скажи — чего ты сейчас хочешь?

— Хочу, чтобы вёдра сами пошли домой и вода бы не расплескалась.

Щука ему говорит:

— Запомни мои слова: когда что тебе захочется — скажи только:

— По щучьему веленью,
По моему хотенью.

Емеля и говорит:

— По щучьему веленью,
По моему хотенью —

ступайте, вёдра, сами домой...

Только сказал — вёдра сами и пошли в гору. Емеля пустил щуку в прорубь, а сам пошёл за вёдрами.

Идут вёдра по деревне, народ дивится, а Емеля идёт сзади, посмеивается... Зашли вёдра в избу и сами стали на лавку, а Емеля полез на печь.

Прошло много ли, мало ли времени — невестки говорят ему:

— Емеля, что ты лежишь? Пошёл бы дров нарубил.

— Неохота...

– Не нарубишь дров, братья с базара воротятся, гостинцев тебе не привезут.

Емеле неохота слезать с печи. Вспомнил он про щуку и потихоньку говорит:

– По щучьему веленью,
По моему хотенью –

поди, топор, наколи дров, а дрова – сами в избу ступайте и в печь кладитесь.

Топор выскочил из-под лавки – и на двор, и давай дрова колоть, а дрова сами в избу идут и в печь лезут.

Много ли, мало ли времени прошло – невестки опять говорят:

– Емеля, дров у нас больше нет. Съезди в лес, наруби.

А он им с печки:

– Да вы-то на что?

– Как мы на что?.. Разве наше дело в лес за дровами ездить?

– Мне неохота...

– Ну, не будет тебе подарков.

Делать нечего, слез Емеля с печи, обулся, оделся. Взял верёвку и топор, вышел на двор и сел в сани:

– Бабы, отворяйте ворота!

Невестки ему и говорят:

– Что ж ты, дурень, сел в сани, а лошадь не запряг?

– Не надо мне лошади.

Невестки отворили ворота, а Емеля говорит потихоньку:

– По щучьему веленью,
По моему хотенью –

ступайте, сани, в лес...

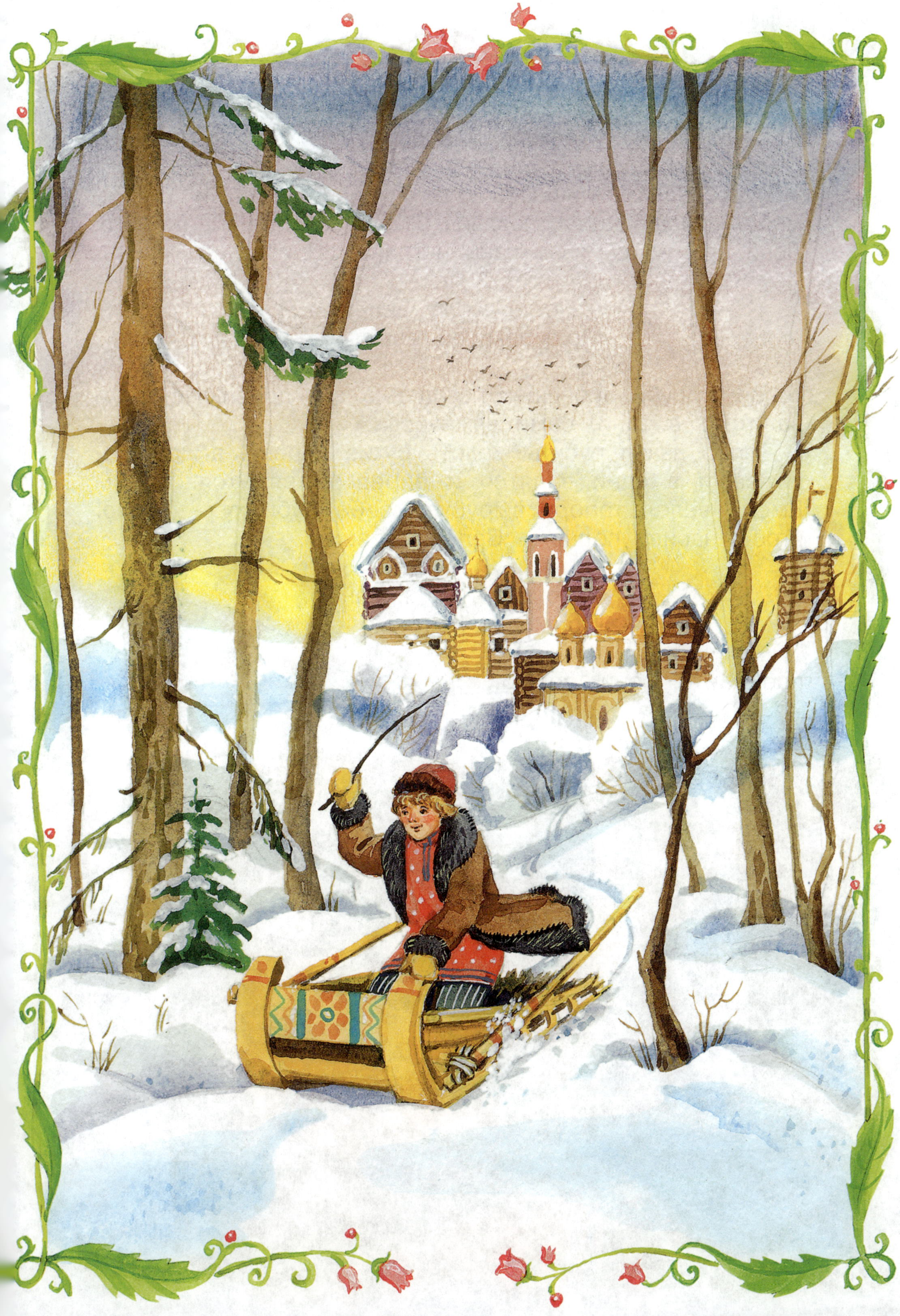

Сани сами и поехали в ворота, да так быстро – на лошади не догонишь.

А в лес-то пришлось ехать через город, и тут он много народу помял, подавил. Народ кричит: «Держи его! Лови его!» А он знай сани погоняет. Приехал в лес:

– По щучьему веленью,
По моему хотенью –

топор, наруби дровишек посуше, а вы, дровишки, сами валитесь в сани, сами вяжитесь...

Топор начал рубить, колоть сухие дерева, а дровишки сами в сани валятся и верёвкой вяжутся. Потом Емеля велел топору вырубить себе дубинку – такую, чтобы насилу поднять. Сел на воз:

– По щучьему веленью,
По моему хотенью –

поезжайте, сани, домой...

Сани помчались домой. Опять проезжает Емеля по тому городу, где давеча помял, подавил много народу, а там его уж дожидаются. Ухватили Емелю и тащат с возу, ругают и бьют.

Видит он, что плохо дело, и потихоньку:

– По щучьему веленью,
По моему хотенью –

ну-ка, дубинка, обломай им бока...

Дубинка выскочила – и давай колотить. Народ кинулся прочь, а Емеля приехал домой и залез на печь.

Долго ли, коротко ли – услыхал царь о Емелиных проделках и посылает за ним офицера: его найти и привезти во дворец.

Приезжает офицер в ту деревню, входит в ту избу, где Емеля живёт, и спрашивает:

– Ты – дурак Емеля?

А он с печки:

– А тебе на что?

– Одевайся скорее, я повезу тебя к царю.

– А мне неохота...

Рассердился офицер и ударил его по щеке.

А Емеля говорит потихоньку:

– По щучьему веленью,
По моему хотенью –

дубинка, обломай ему бока...

Дубинка выскочила – и давай колотить офицера, насилу он ноги унёс.

Царь удивился, что его офицер не мог справиться с Емелей, и посылает своего самого набольшего вельможу:

– Привези ко мне во дворец дурака Емелю, а то голову с плеч сниму.

Накупил набольший вельможа изюму, чернослив, пряников, приехал в ту деревню, вошёл в ту избу и стал спрашивать у невесток, что любит Емеля.

– Наш Емеля любит, когда его ласково попросят да красный кафтан посулят, – тогда он всё сделает, что ни попросишь.

Набольший вельможа дал Емеле изюму, чернослив, пряников и говорит:

– Емеля, Емеля, что ты лежишь на печи? Поедем к царю.

– Мне и тут тепло...

– Емеля, Емеля, у царя тебя будут хорошо кормить-поить – пожалуйста, поедем.

– А мне неохота...

– Емеля, Емеля, царь тебе красный кафтан подарит, шапку и сапоги.

Емеля подумал-подумал:

– Ну ладно, ступай ты вперёд, а я за тобой вслед буду.

Уехал вельможа, а Емеля полежал ещё и говорит:

– По щучьему веленью,
По моему хотенью –

ну-ка, печь, поезжай к царю...

Тут в избе углы затрещали, крыша зашаталась, стена вылетела, и печь сама пошла по улице, по дороге прямо к царю.

Царь глядит в окно, дивится:

– Что это за чудо?

Набольший вельможа ему и отвечает:

– А это Емеля на печи к тебе едет.

Вышел царь на крыльцо:

– Что-то, Емеля, на тебя много жалоб! Ты много народу подавил.

– А зачем они под сани лезли?

В это время в окно на него глядела царская дочь – Марья-царевна. Емеля увидал её в окошке и говорит потихоньку:

– По щучьему веленью,
По моему хотенью –

пускай царская дочь меня полюбит...

И сказал ещё:

– Ступай, печь, домой...

Печь повернулась и пошла домой, вошла в избу и стала на прежнее место. Емеля опять лежит-полёживает.

А у царя во дворце крик да слёзы. Марья-царевна по Емеле скучает, не может жить без него, просит отца, чтобы выдал он её за Емелю замуж. Тут царь забедовал, затужил и говорит опять набольшему вельможе:

— Ступай приведи ко мне Емелю живого или мёртвого, а то голову с плеч сниму.

Накупил набольший вельможа вин сладких да разных закусок, поехал в ту деревню, вошёл в ту избу и начал Емелю потчевать.

Емеля напился, наелся, захмелел и лёг спать. А вельможа положил его на повозку и повёз к царю.

Царь тотчас велел прикатить большую бочку с железными обручами. В неё посадили Емелю и Марью-царевну, засмолили и бочку в море бросили.

Долго ли, коротко ли — проснулся Емеля, видит — темно, тесно:

— Где же это я?

А ему отвечают:

— Скучно и тошно, Емелюшка! Нас в бочку засмолили, бросили в синее море.

— А ты кто?

— Я — Марья-царевна.

Емеля говорит:

— По щучьему веленью,
По моему хотенью —

280

ветры буйные, выкатите бочку на сухой берег, на жёлтый песок...

Ветры буйные подули. Море взволновалось, бочку выкинуло на сухой берег, на жёлтый песок. Емеля и Марья-царевна вышли из неё.

— Емелюшка, где же мы будем жить? Построй какую ни на есть избушку.

— А мне неохота...

Тут она стала его ещё пуще просить; он и говорит:

— По щучьему веленью,
По моему хотенью —

выстройся каменный дворец с золотой крышей...

Только он сказал — появился каменный дворец с золотой крышей. Кругом — зелёный сад: цветы цветут и птицы поют. Марья-царевна с Емелей вошли во дворец, сели у окошечка.

— Емелюшка, а нельзя тебе красавчиком стать?

Тут Емеля не долго думал:

— По щучьему веленью,
По моему хотенью —

стать мне добрым молодцем, писаным красавцем...

И стал Емеля таким, что ни в сказке сказать, ни пером описать.

А в ту пору царь ехал на охоту и видит — стоит дворец, где раньше ничего не было.

— Это что за невежа без моего дозволения на моей земле дворец поставил?

И послал узнать, спросить: «Кто такие?»

Послы побежали, стали под окошком, спрашивают.

Емеля им отвечает:

— Просите царя ко мне в гости, я сам ему скажу.

Царь приехал к нему в гости. Емеля его встречает, ведёт во дворец, сажает за стол. Начинают они пировать. Царь ест, пьёт и не надивится:

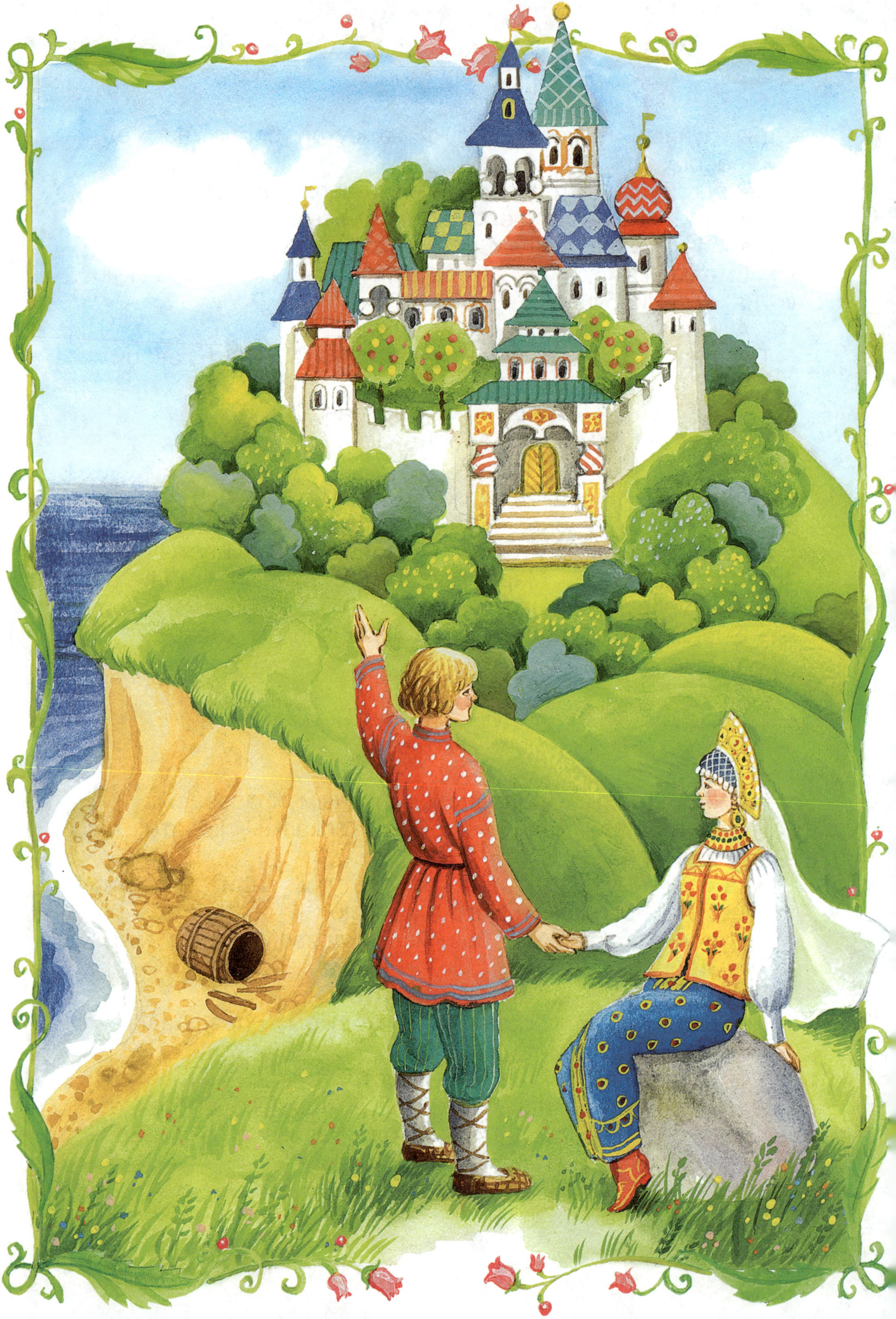

– Кто же ты такой, добрый молодец?

– А помнишь дурачка Емелю – как приезжал к тебе на печи, а ты велел его со своей дочерью в бочку засмолить, в море бросить? Я – тот самый Емеля. Захочу – всё твоё царство пожгу и разорю.

Царь сильно испугался, стал прощенья просить:

– Женись на моей дочери, Емелюшка, бери моё царство, только не губи меня!

Тут устроили пир на весь мир. Емеля женился на Марье-царевне и стал править царством.

Тут и сказке конец, а кто слушал – молодец.

ПАСТУШЬЯ ДУДОЧКА

Жили в одном селе старик да старуха, бедные-пребедные, и был у них сын Иванушка. С малых лет любил он на дудочке играть. И так-то он хорошо играл, что все слушали – наслушаться не могли. Заиграет Иванушка грустную песню – все пригорюнятся, у всех слёзы катятся. Заиграет плясовую – все в пляс идут, удержаться не могут.

Подрос Иванушка и говорит отцу да матери:

– Пойду я, батюшка и матушка, в работники наниматься. Сколько заработаю – всё вам принесу.

Попрощался и пошёл.

Пришёл в одну деревню – никто не нанимает. В другую пришёл – и там работники не нужны.

Пошёл Иванушка дальше. Шёл-шёл и пришёл в дальнее село. Ходит от избы к избе, спрашивает:

– Не нужен ли кому работник?

Вышел из одной избы мужик и говорит:

– Не наймёшься ли ты овец пасти?

– Наймусь, дело не хитрое!

– Не хитрое оно, это так. Только у меня такое условие: если хорошо пасти будешь – двойное жалованье заплачу. А если хоть одну овечку из моего стада потеряешь – ничего не получишь, прогоню без денег!

– Авось не потеряю! – отвечает Иванушка.

– То-то, смотри!

Уговорились они, и стал Иванушка стадо пасти.

Утром чуть свет уйдёт со двора, а возвращается, когда солнце сядет.

Как идёт он с пастбища, хозяин с хозяйкой уже у ворот стоят, овец считают:

– Одна, две, три... десять... двадцать... сорок... пятьдесят...

Все овцы целы!

Так и месяц прошёл, и другой, и третий. Скоро надо с пастухом рассчитываться, жалованье ему платить.

«Что это? – думает хозяин. – Как это пастух всех овец сберегает? В прошлые годы всегда овцы пропадали: то волк задерёт, то сами куда забредут, потеряются... Неспроста это. Надо посмотреть, что пастух на пастбище делает».

Под утро, когда все ещё спали, взял хозяин овчинный тулуп, выворотил его шерстью наружу, напялил на себя и пробрался в хлев. Стал среди овец на четвереньки. Стоит дожидается, когда пастух погонит стадо на пастбище.

Как солнышко встало, Иванушка поднялся и погнал овец. Заблеяли овцы и побежали. А хозяину хоть и трудно, только он не отстаёт – бежит вместе с овцами, покрикивает:

– Бя-бя-бя! Бя-бя-бя!

А сам думает:

«Теперь-то я всё узнаю, выведаю!»

Думал он, что Иванушка его не приметит. А Иванушка зорким был, сразу его увидел, только виду не подал – гонит овец, а сам нет-нет и стегнёт их кнутом. Да всё метит прямо хозяина по спине!

Пригнал овец на опушку леса, сел под кусток и стал краюшку жевать.

Ходят овцы по полянке, щиплют траву. А Иванушка за ними посматривает. Как увидит, что какая овца хочет в лес забежать, сейчас на дудочке заиграет. Все овцы к нему и бегут.

А хозяин всё на четвереньках ходит, головой в землю тычется, будто траву щиплет.

Устал, утомился, а показаться стыдно: расскажет пастух соседям – сраму не оберёшься!

Как наелись овцы, Иванушка и говорит им:

– Ну, сыты вы, довольны вы, теперь и поплясать можно!

Да и заиграл на дудочке плясовую.

Принялись овцы скакать да плясать, копытцами постукивать! И хозяин туда же: хоть и не сыт и не доволен, а выскочил из середины стада и давай плясать вприсядку. Пляшет, пляшет, ногами разные штуки выделывает, удержаться не может!

Иванушка всё быстрее да быстрее играет.

А за ним и овцы и хозяин быстрее пляшут.

Уморился хозяин. Пот с него градом так и катится. Красный весь, волосы растрепались... Не выдержал, закричал:

– Ой, батрак, перестань ты играть!.. Мо́чи моей нет!

А Иванушка будто не слышит – играет да играет!

Остановился он наконец и говорит:

– Ой, хозяин! Ты ли это?

– Я...

– Да как же ты сюда попал?

– Да так, забрёл невзначай...

– А тулуп зачем надел?

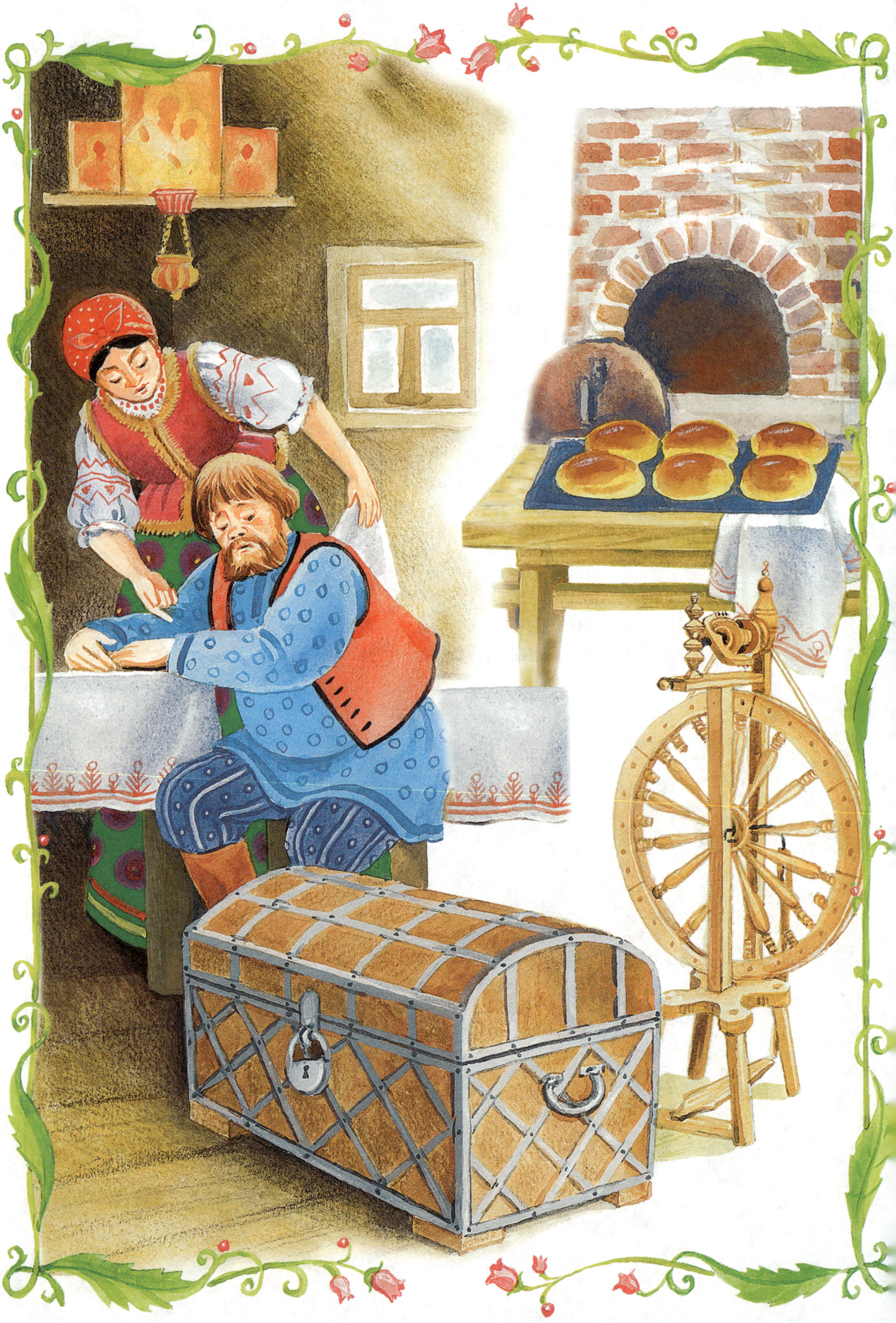

– Да холодно с утра показалось...

А сам за кусты, да и был таков.

Приплёлся домой и говорит жене:

– Ну, жена, надо нам поскорее батрака выпроводить подобру-поздорову, надо ему жалованье отдать...

– Что так? Никому не отдавали, а ему вдруг отдадим...

– Нельзя не отдать. Он так нас осрамит, что и людям не сможем показаться.

И рассказал ей, как пастух заставил его плясать, чуть до смерти не уморил.

Выслушала хозяйка и говорит:

– Настоящий ты дурень! Нужно же тебе было плясать! Меня-то он не заставит! Как придёт, велю ему играть. Посмотришь, что будет.

Стал хозяин просить жену:

– Коли ты такое дело затеяла, посади меня в сундук да привяжи на чердаке за перекладину, чтоб мне вместе с тобой не заплясать... Будет с меня! Наплясался я утром, чуть жив хожу.

Хозяйка так и сделала. Посадила мужа в большой сундук и привязала на чердаке за перекладину. А сама ждёт не дождётся, когда вернётся батрак с поля.

Вечером, только Иванушка пригнал стадо, хозяйка и говорит ему:

– Правда ли, что у тебя такая дудка есть, под которую все пляшут?

– Правда.

– Ну-ка поиграй! Если и я запляшу – отдадим тебе жалованье, а не запляшу – так прогоним.

– Хорошо, – говорит Иванушка, – будь по-твоему.

Вынул он дудочку и стал плясовую наигрывать. А хозяйка в это время тесто месила. Не удержалась она и пошла плясать. Пляшет, а сама переваливает тесто с руки на руку.

А Иванушка всё быстрее да быстрее, всё громче да громче играет.

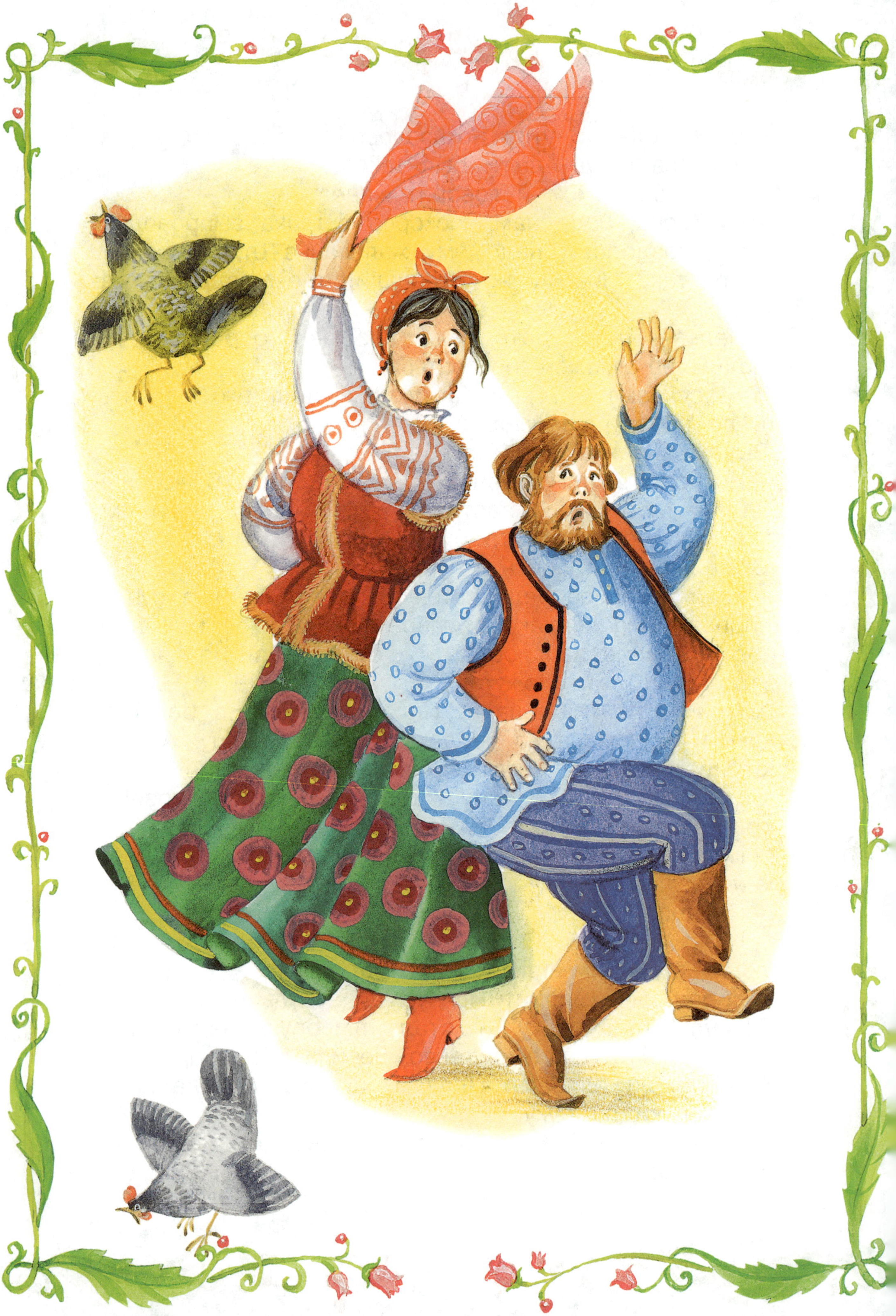

И хозяйка всё быстрее да быстрее пляшет.

Услыхал дудочку и хозяин на чердаке. Стал в своём сундуке руками да ногами шевелить, поплясывать. Да тесно ему там, всё головой о крышку стукается. Возился, возился да и сорвался с перекладины вместе с сундуком. Прошиб головой крышку, выскочил из сундука и давай по чердаку вприсядку плясать! С чердака скатился, в избу ввалился. Стал там вместе с женой плясать, руками да ногами размахивать!

А Иванушка вышел на крылечко, сел на ступеньку, всё играет, не умолкает.

Хозяин с хозяйкой за ним во двор выскочили и ну плясать да скакать перед крыльцом.

Устали оба, еле дышат, а остановиться не могут.

А глядя на них, и куры заплясали, и овцы, и коровы, и собака у будки.

Тут Иванушка встал с крыльца да, поигрывая, к воротам пошёл. А за ним и все потянулись.

Видит хозяйка – дело плохо. Стала упрашивать Иванушку:

– Ой, батрак, перестань, не играй больше! Не выходи со двора! Не позорь перед людьми! По-честному с тобой рассчитаемся! По уговору жалованье отдадим.

– Ну нет! – говорит Иванушка. – Пусть на вас добрые люди посмотрят, пусть посмеются!

Вышел он за ворота – ещё громче заиграл. А хозяин с хозяйкой со всеми коровами, овцами да курами ещё быстрее заплясали. И крутятся, и вертятся, и приседают, и подпрыгивают!

Сбежалась тут вся деревня – и старые и малые, смеются, пальцами показывают...

До самого вечера играл Иванушка. Утром получил он своё жалованье и ушёл к отцу, к матери. А хозяин с хозяйкой в избу спрятались. Сидят и показаться людям не смеют.

КАК МУЖИК ГУСЕЙ ДЕЛИЛ

У одного бедного мужика не было хлеба. Вот он и задумал попросить хлеба у барина. Чтобы было с чем идти к барину, он поймал гуся, изжарил его и понёс. Барин принял гуся и говорит мужику:

— Спасибо, мужик, тебе за гуся; только не знаю, как мы твоего гуся делить будем. Вот у меня жена, два сына да две дочери. Как бы нам разделить гуся без обиды?

Мужик говорит:

— Я разделю.

Взял ножик, отрезал голову и говорит барину:

— Ты всему дому голова — тебе голову.

Потом отрезал задок, подаёт барыне.

— Тебе, — говорит, — дома сидеть, за домом смотреть — тебе задок.

Потом отрезал лапки и подаёт сыновьям.

— Вам, — говорит, — ножки — топтать отцовские дорожки.

А дочерям дал крылья.

— Вы, — говорит, — скоро из дома улетите, вот вам по крылышку. А остаточки себе возьму!

И взял всего гуся.

Барин посмеялся, дал мужику хлеба и денег.

Услыхал богатый мужик, что барин за гуся наградил бедного мужика хлебом и деньгами, зажарил пять гусей и понёс к барину.

Барин говорит:

— Спасибо за гусей. Да вот у меня жена, два сына, две дочки — всех шестеро. Как бы нам поровну разделить твоих гусей?

Стал богатый мужик думать и ничего не придумал.

Послал барин за бедным мужиком и велел делить.

Бедный мужик взял одного гуся, дал барину с барыней и говорит:

— Вот вас трое с гусем.

Одного дал сыновьям.

— И вас, — говорит, — трое.

Одного дал дочерям:

— И вас трое.

А себе взял двух гусей.

— Вот, — говорит, — и нас трое с гусями, всё поровну.

Барин посмеялся и дал бедному ещё денег и хлеба, а богатого прогнал.

Ханс Кристиан Андерсен
СВИНОПАС

Жил-был бедный принц. Королевство у него было маленькое-премаленькое, но жениться всё-таки было можно, а жениться-то принцу хотелось.

Разумеется, с его стороны было несколько смело спросить дочь императора: «Пойдёшь за меня?» Впрочем, он носил славное имя и знал, что сотни принцесс с благодарностью ответили бы на его предложение согласием. Да вот, поди знай, что взбредёт в голову императорской дочке!

Послушаем же, как было дело.

На могиле у отца принца вырос розовый куст несказанной красоты; цвёл он только раз в пять лет, и распускалась на нём всего одна-единственная роза. Зато она разливала такой сладкий аромат, что, впивая его, можно было забыть все свои горести и заботы. Ещё был у принца соловей, который пел так дивно, словно у него в горлышке были собраны все чудеснейшие мелодии, какие только есть на свете. И роза и соловей предназначены были в дар принцессе; их положили в большие серебряные ларцы и отослали к ней.

Император велел принести ларцы прямо в большую залу, где принцесса играла со своими фрейлинами в гости; других занятий у неё не было. Увидав большие ларцы с подарками, принцесса захлопала от радости в ладоши.

– Ах, если бы тут была маленькая киска! – сказала она.

Но из ларца вынули прелестную розу.

– Ах, как это мило сделано! – сказали все фрейлины.

– Больше чем мило! – сказал император. – Это прямо-таки недурно!

Но принцесса потрогала розу и чуть не заплакала.

– Фи, папа! – сказала она. – Она не искусственная, а настоящая!

– Фи! – повторили все придворные. – Настоящая!

– Погодим сердиться! Посмотрим сначала, что в другом ларце! – возразил император.

И вот из ларца появился соловей и запел так чудесно, что нельзя было сейчас же найти какого-нибудь недостатка.

— Superbe! Charmant![1] — сказали фрейлины; все они болтали по-французски, одна хуже другой.

— Как эта птичка напоминает мне органчик покойной императрицы! — сказал один старый придворный. — Да, тот же тон, та же манера!

— Да! — сказал император и заплакал, как ребёнок.

— Надеюсь, что птица не настоящая? — спросила принцесса.

— Настоящая! — ответили ей оставившие подарки послы.

— Так пусть она летит! — сказала принцесса и так и не позволила принцу явиться к ней самому.

Но принц не унывал: он вымазал себе всё лицо чёрной и бурой краской, нахлобучил шапку и постучался во дворец.

— Здравствуйте, император! — сказал он. — Не найдётся ли у вас для меня какого-нибудь местечка?

— Много вас тут ходит! — ответил император. — Впрочем, постой, мне нужен свинопас! У нас пропасть свиней!

И вот принца утвердили придворным свинопасом и отвели ему жалкую, крошечную каморку рядом со свиными закутками. День-деньской просидел он за работой и к вечеру смастерил чудесный горшочек. Горшочек был увешан бубенчиками, и, когда в нём что-нибудь варили, бубенчики названивали старую песенку:

Ах, мой милый Августин,
Всё прошло, прошло, прошло!

---

[1] Бесподобно! Прелестно! *(фр.)*

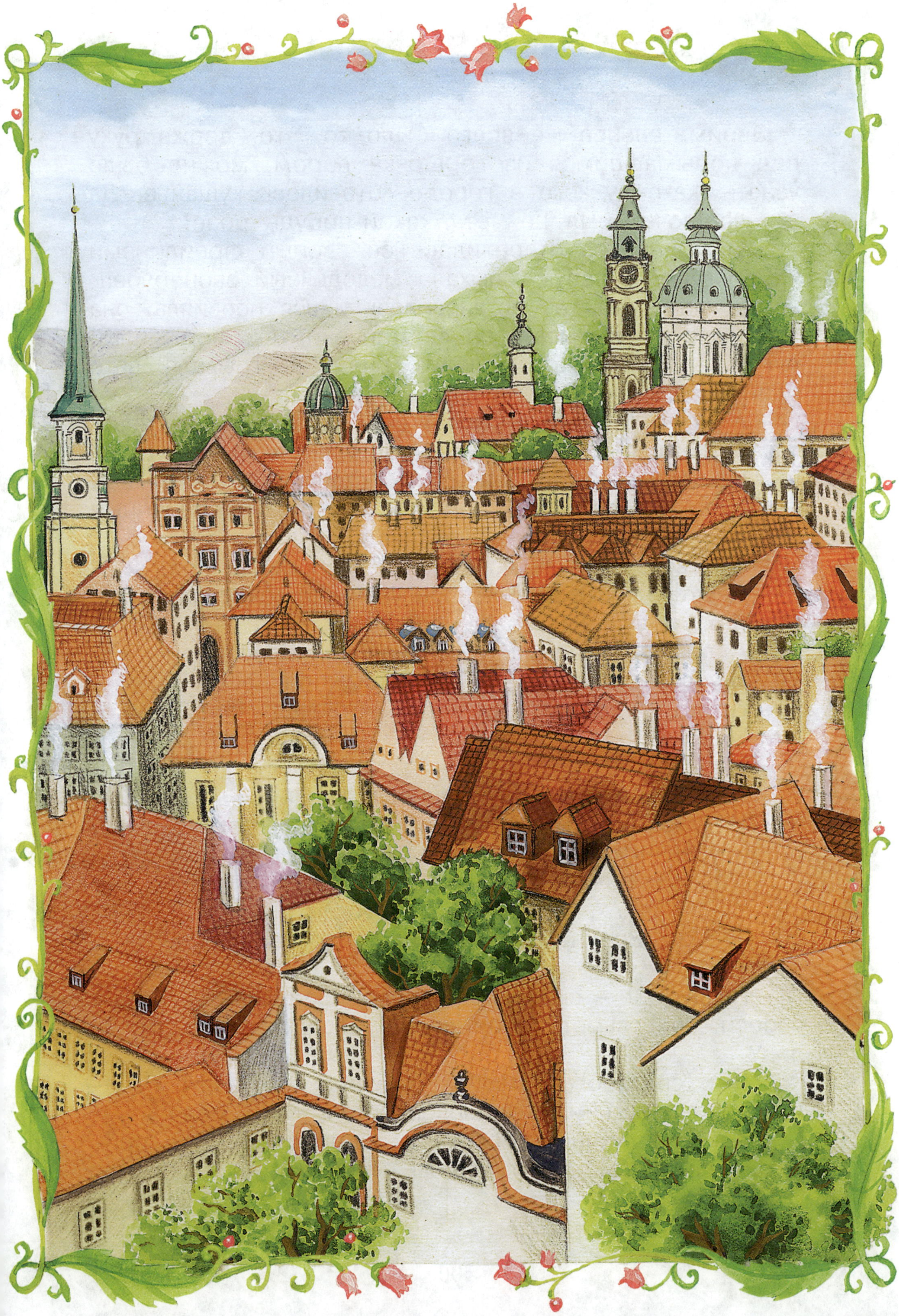

Занимательнее же всего было то, что, держа руку над подымавшимся из горшочка паром, можно было узнать, какое у кого в городе готовилось кушанье. Да уж, горшочек был не чета какой-нибудь розе!

Вот принцесса отправилась со своими фрейлинами на прогулку и вдруг услыхала мелодичный звон бубенчиков. Она сразу же остановилась и вся просияла: она тоже умела наигрывать на фортепиано «Ах, мой милый Августин». Только эту мелодию она и наигрывала, зато одним пальцем.

— Ах, ведь и я это играю! — сказала она. — Так свинопас-то у нас образованный! Слушайте, пусть кто-нибудь из вас пойдёт и спросит у него, что стоит этот инструмент.

Одной из фрейлин пришлось надеть деревянные башмаки и пойти на задний двор.

— Что возьмёшь за горшочек? — спросила она.

— Десять принцессиных поцелуев! — отвечал свинопас.

— Как можно! — сказала фрейлина.

— А дешевле нельзя! — отвечал свинопас.

— Ну, что он сказал? — спросила принцесса.

— Право, и передать нельзя! — отвечала фрейлина. — Это ужасно!

— Так шепни мне на ухо!

И фрейлина шепнула принцессе.

— Вот невежа! — сказала принцесса и пошла было, но... бубенчики зазвенели так мило:

— Ах, мой милый Августин,
Всё прошло, прошло, прошло!

— Послушай! — сказала принцесса фрейлине. — Пойди спроси, не возьмёт ли он десять поцелуев моих фрейлин?

— Нет, спасибо! — ответил свинопас. — Десять поцелуев принцессы, или горшочек останется у меня.

— Как это скучно! — сказала принцесса. — Ну, придётся вам стать вокруг, чтобы никто нас не увидел!

Фрейлины обступили её и растопырили свои юбки; свинопас получил десять принцессиных поцелуев, а принцесса — горшочек.

Вот была радость! Целый вечер и весь следующий день горшочек не сходил с очага, и в городе не осталось ни одной кухни, от камергерской до сапожниковой, о которой бы не знали, что в ней стряпалось. Фрейлины прыгали и хлопали в ладоши.

— Мы знаем, у кого сегодня сладкий суп и блинчики! Мы знаем, у кого каша и свиные котлеты! Как интересно!

— Ещё бы! — подтвердила обер-гофмейстерина.

— Да, но держите язык за зубами, я ведь императорская дочка!

— Помилуйте! — сказали все.

А свинопас (то есть принц, но для них-то он был ведь свинопасом) даром времени не терял и смастерил трещотку; когда её начинали вертеть, раздавались звуки всех вальсов и полек, какие только есть на белом свете.

— Но это superbe! — сказала принцесса, проходя мимо. — Вот так попурри! Лучше этого я ничего не слыхала! Послушайте, что он хочет за этот инструмент. Но целоваться я больше не стану!

— Он требует сто принцессиных поцелуев! — доложила фрейлина, побывав у свинопаса.

— Да что он, в уме? — сказала принцесса и пошла своей дорогой, но сделала два шага и остановилась. — Надо поощрять искусство! — сказала она. — Я ведь императорская дочь! Скажите ему, что я дам ему по-вчерашнему десять поцелуев, а остальные пусть получит от моих фрейлин!

— Ну, нам это вовсе не по вкусу! — сказали фрейлины.

— Пустяки! — сказала принцесса. — Уж если я могу поцеловать его, то вы и подавно! Не забывайте, что я кормлю вас и плачу́ вам жалованье!

И фрейлине пришлось ещё раз отправиться к свинопасу.

— Сто принцессиных поцелуев! — повторил он. — А нет — каждый останется при своём.

— Становитесь вокруг! — скомандовала принцесса, и фрейлины обступили её, а свинопас принялся её целовать.

— Что это за сборище у свиных закуток? — спросил, выйдя на балкон, император, протёр глаза и надел очки. — Э, да это фрейлины опять что-то затеяли! Надо пойти посмотреть.

И он расправил задники своих домашних туфель. Туфлями служили стоптанные башмаки. Вы бы только поглядели, как он быстро зашлёпал в них!

Придя на задний двор, он потихоньку подкрался к фрейлинам, а те все были ужасно заняты счётом поцелуев — надо же было следить за тем, чтобы расплата была честной и свинопас не получил ни больше, ни меньше, чем ему следовало. Никто поэтому не заметил императора, а он привстал на цыпочки.

— Это ещё что за штуки! — сказал он, увидев целующихся, и швырнул в них туфлей как раз в ту минуту, когда свинопас получал от принцессы восемьдесят шестой поцелуй. — Вон! — закричал рассерженный император и выгнал из своего государства и принцессу и свинопаса.

Принцесса стояла и плакала, свинопас бранился, а дождик так и лил на них.

— Ах, я несчастная! — плакала принцесса. — Что бы мне выйти за прекрасного принца! Ах, какая я несчастная!

А свинопас зашёл за дерево, стёр с лица чёрную и бурую краску, сбросил грязную одежду и явился перед ней во всём своём королевском величии и красе, и так он был хорош собой, что принцесса сделала реверанс.

— Теперь я только презираю тебя! — сказал он. — Ты не захотела выйти за честного принца! Ты не оценила

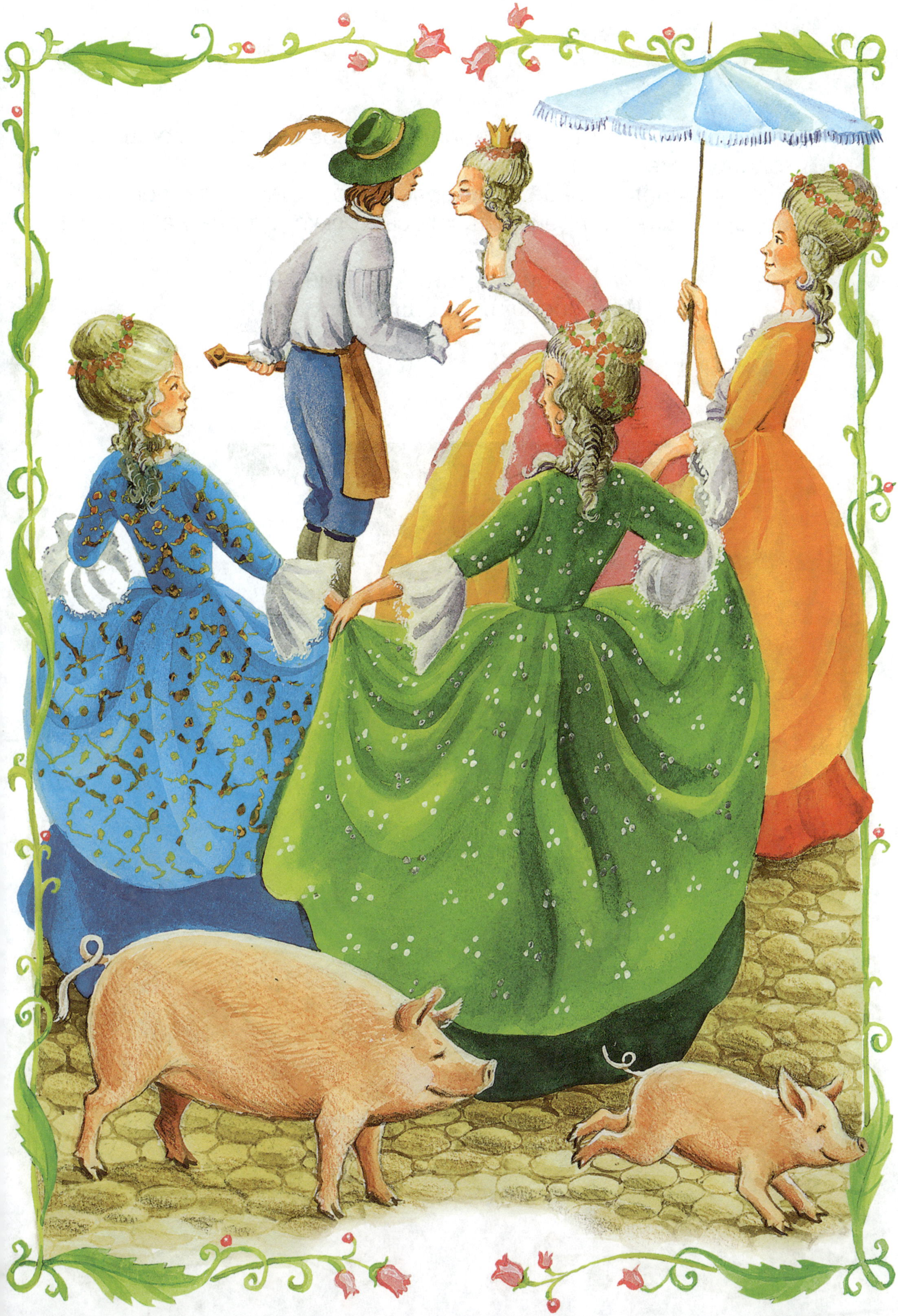

соловья и розу, а свинопаса целовала за игрушки! Поделом же тебе!

И он ушёл к себе в королевство, крепко захлопнув за собой дверь. А ей оставалось только стоять да петь:

– Ах, мой милый Августин,
Всё прошло, прошло, прошло!

Ханс Кристиан Андерсен
ОГНИВО

Шёл солдат по дороге: раз-два! раз-два! Ранец за спиной, сабля на боку; он шёл домой с войны. На дороге встретилась ему старая ведьма – уж такая безобразная: нижняя губа свисала у неё до самой груди.

– Здорово, служивый! – сказала она. – Какая у тебя славная сабля! А ранец-то какой большой! Вот бравый солдат! Ну, сейчас ты получишь денег, сколько твоей душе угодно.

– Спасибо, старая ведьма! – сказал солдат.

– Видишь вон то старое дерево? – сказала ведьма, показывая на дерево, которое стояло неподалёку. – Оно внутри пустое. Заберись наверх, увидишь дупло, влезь в него и спускайся до самого низа. А перед тем я обвяжу тебя верёвкой вокруг пояса, ты мне крикни, и я тебя вытащу.

— Зачем мне туда лезть? — спросил солдат.

— За деньгами! — сказала ведьма. — Знай, что из дупла ты попадёшь в большой подземный ход; в нём горит больше сотни ламп, и там совсем светло. Перед тобой будут три двери, ты можешь отворить их, ключи торчат снаружи. Войди в первую комнату; посреди комнаты увидишь большой сундук, а на нём собаку: глаза у неё, словно чайные чашки! Но ты не бойся! Я дам тебе свой синий клетчатый передник, расстели его на полу, а сам живо подбеги и схвати собаку, посади её на передник, открой сундук и бери из него денег вволю. В этом сундуке одни медяки; захочешь серебра – ступай в комнату рядом: там сидит собака с глазами, как мельничные колёса! Но ты не пугайся: сажай её на передник и бери себе денежки. А захочешь, так достанешь и золота, сколько сможешь унести; пойди только в третью комнату. У собаки, что сидит там на деревянном сундуке, глаза – каждый с Круглую башню. Вот это собака так собака! Да ты её не бойся: посади на мой передник, и она тебя не тронет, а ты бери себе золота сколько хочешь!

– Оно бы недурно! – сказал солдат. – Но что ты с меня за это возьмёшь, старая ведьма? Ведь что-нибудь да тебе от меня нужно?

– Я не возьму с тебя ни полушки! – сказала ведьма. – Только принеси мне старое огниво, его позабыла там моя бабушка, когда спускалась в последний раз.

– Ну, обвязывай меня верёвкой! – приказал солдат.

– Готово! – сказала ведьма. – А вот мой синий клетчатый передник!

Солдат влез на дерево, спустился в дупло и очутился, как сказала ведьма, в большой галерее, где горели сотни ламп.

Он открыл первую дверь. Ох! Там сидела собака с глазами, как чайные чашки, и таращилась на солдата.

– Вот так молодец! – сказал солдат, посадил пса на ведьмин передник и набрал полный карман медных денег, потом закрыл сундук, опять посадил на него собаку и отправился в другую комнату. Ай-ай! Там сидела собака с глазами, как мельничные колёса!

– Чего на меня уставилась? Глаза заболят! – сказал солдат и посадил собаку на ведьмин передник. Увидев в сундуке огромные кучи серебра, он выбросил все медяки и набил оба кармана и ранец серебром.

Затем солдат пошёл в третью комнату. Фу-ты, пропасть! У этой собаки глаза были ни дать ни взять две Круглые башни и вертелись, точно колёса.

— Моё почтение! — сказал солдат и взял под козырёк. Такой собаки он ещё не видывал.

Долго смотреть на неё он, впрочем, не стал, а взял да и посадил на передник и открыл сундук. Батюшки! Сколько тут было золота! Солдат выбросил из карманов и ранца серебряные монеты и так набил карманы, ранец, шапку и сапоги золотом, что еле-еле мог двигаться. Ну, наконец-то у него завелись денежки! Собаку он опять посадил на сундук, потом захлопнул дверь, поднял голову и закричал:

— Тащи меня, старая ведьма!

— Огниво взял? — спросила его ведьма.

— Ах чёрт, совсем забыл! — сказал солдат, вернулся и взял огниво.

Ведьма вытащила его наверх, и он опять очутился на дороге, только теперь и карманы его, и сапоги, и ранец, и фуражка были набиты золотом.

— Зачем тебе это огниво? — спросил солдат.

— Не твоё дело! — ответила ведьма. — Получил деньги, и хватит с тебя! Ну, отдавай огниво!

— Как бы не так! — сказал солдат. — Сейчас говори, зачем тебе оно, не то вытащу саблю да отрублю тебе голову.

— Не скажу! — упёрлась ведьма.

Солдат взял и отрубил ей голову. Ведьма повалилась мёртвая, а он завязал все деньги в её передник, взвалил узел на спину, сунул огниво в карман и зашагал прямо в город.

Это был прекрасный город; солдат остановился в самом дорогом постоялом дворе, занял самые лучшие комнаты и потребовал все свои любимые блюда — ведь он теперь был богачом!

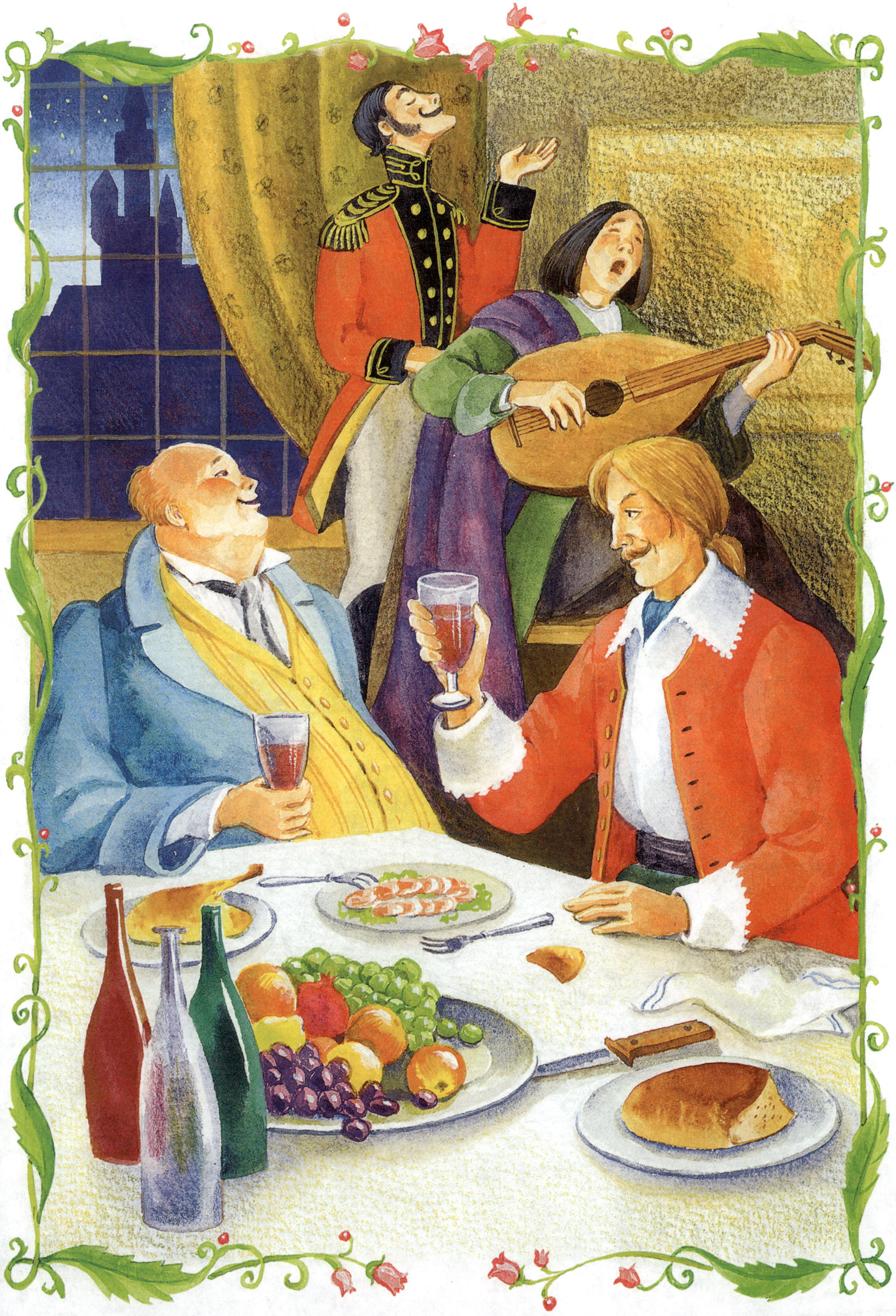

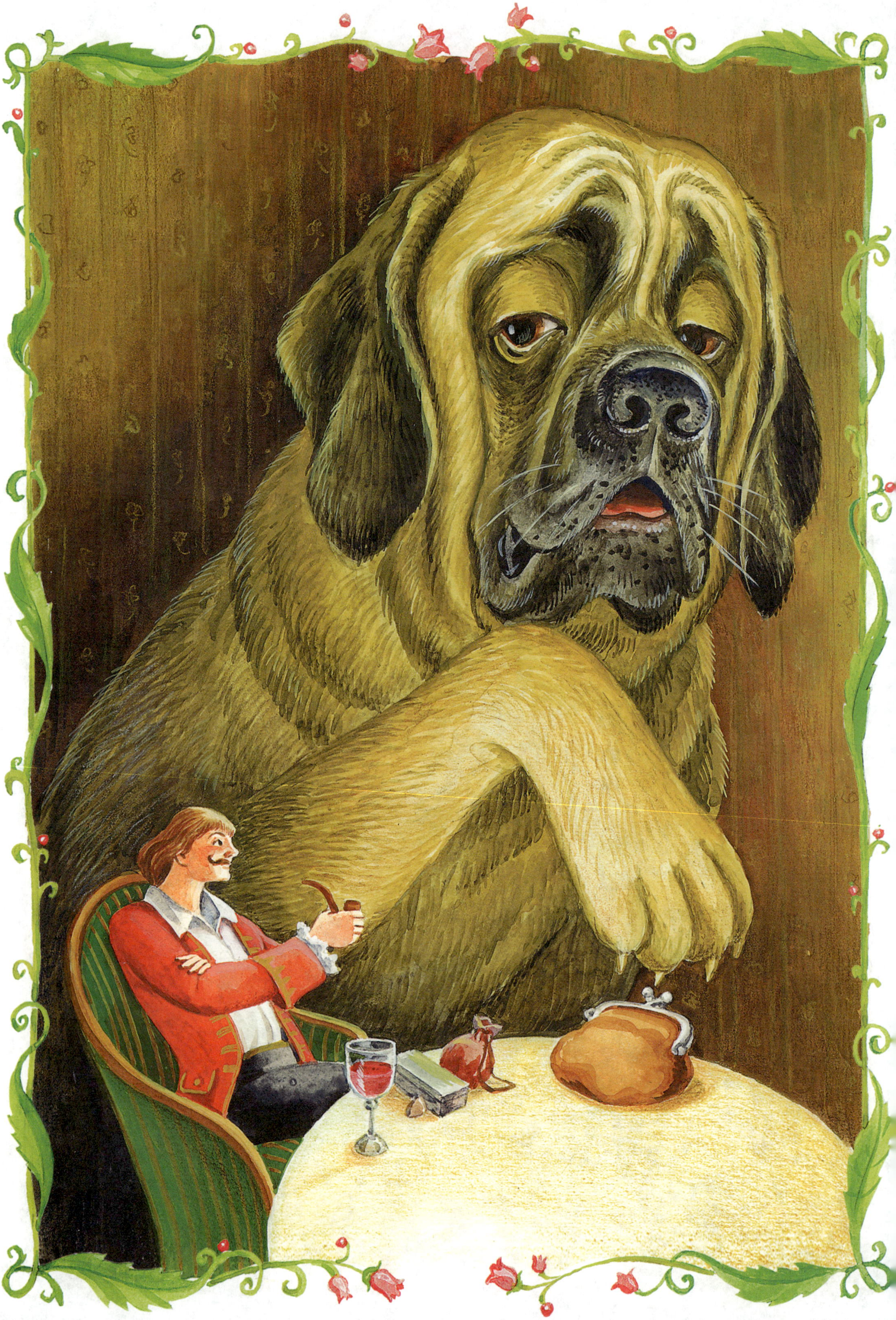

Слуга, который чистил приезжим обувь, удивился, что у такого богатого господина такие плохие сапоги, но солдат ещё не успел обзавестись новыми. Зато на другой день он купил себе и хорошие сапоги, и богатое платье. Теперь солдат стал настоящим барином, и ему рассказали обо всех чудесах, какие были тут, в городе, и о короле, и о его прелестной дочери, принцессе.

— Как бы её увидеть? — спросил солдат.

— Этого никак нельзя! — сказали ему. — Она живёт в огромном медном замке, за высокими стенами и башнями. Никто, кроме самого короля, не смеет ни войти туда, ни выйти оттуда, потому что королю предсказали, будто дочь его выйдет замуж за простого солдата, а короли этого не любят.

«Вот бы на неё поглядеть!» — подумал солдат. Да кто бы ему позволил?!

Теперь-то он зажил весело: ходил в театры, ездил кататься в королевский сад и раздавал деньги бедным.

Так он всё тратил да тратил своё золото, а вновь-то взять было неоткуда, и остались у него в конце концов всего-навсего две денежки!

Пришлось перебраться из хороших комнат в крошечную каморку под самой крышей, самому чистить себе сапоги и даже латать их; никто из друзей больше не навещал его — уж очень высоко было к нему подниматься!

Раз как-то вечером сидел солдат в своей каморке; совсем уже стемнело, а у него не было денег даже на свечку; он и вспомнил про маленький огарочек в огниве, которое взял в подземелье, куда спускала его ведьма. Солдат достал огниво и огарок, но стоило ему ударить по кремню, как дверь распахнулась, и перед ним очутилась собака с глазами, точно чайные чашки, та самая, которую он видел в подземелье.

— Что угодно, господин? — пролаяла она.

— Вот так история! — сказал солдат. — Огниво-то, выходит, прелюбопытная вещица: я могу получить всё, что захочу! Эй, ты, добудь мне деньжонок! – сказал он собаке. Раз – её уж и след простыл, два – она опять тут как тут, а в зубах у неё большой кошель, набитый медью! Тут солдат понял, что за чудное у него огниво. Ударишь по кремню раз – явится собака, которая сидела на сундуке с медными деньгами; ударишь два – явится та, которая сидела на серебре; ударишь три – прибегает собака, что сидела на золоте.

Солдат опять перебрался в хорошие комнаты, стал ходить в щегольском платье, и все его друзья сейчас же снова узнали его и ужасно полюбили.

И однажды он подумал: «Как это глупо, что нельзя видеть принцессу. Такая красавица, говорят, а что толку? Ведь она век свой сидит в медном замке, за высокими стенами и башнями. Неужели мне так и не удастся поглядеть на неё хоть одним глазком? Ну-ка, где моё огниво?» И он ударил по кремню раз – в тот же миг перед ним стояла собака с глазами, точно чайные чашки.

– Теперь, правда, уже ночь, – сказал солдат. – Но мне до смерти захотелось увидеть принцессу, хоть на одну минуточку!

Собака сейчас же за дверь, и не успел солдат опомниться, как она явилась с принцессой. Принцесса сидела у собаки на спине и спала. Она была чудо как хороша; всякий сразу бы увидел, что это настоящая принцесса, и солдат не утерпел и поцеловал её – он ведь был настоящий солдат.

Собака отнесла принцессу назад, и за утренним чаем принцесса рассказала королю с королевой, какой она видела сегодня ночью удивительный сон про собаку и солдата: будто она ехала верхом на собаке, а солдат поцеловал её.

– Вот так история! – сказала королева.

И на следующую ночь к постели принцессы приставили старуху фрейлину – она должна была разузнать, был ли то в самом деле сон или что другое.

А солдату опять до смерти захотелось увидеть прелестную принцессу. И вот ночью опять явилась собака, схватила принцессу и помчалась с ней во всю прыть, но старуха фрейлина надела непромокаемые сапоги и пустилась вдогонку. Увидав, что собака скрылась с принцессой в одном большом доме, фрейлина подумала: «Теперь я знаю, где их найти!» — взяла кусок мела, поставила на воротах дома крест и спокойно отправилась домой спать.

Но собака, когда понесла принцессу назад, увидела этот крест, тоже взяла кусок мела и наставила крестов на всех воротах в городе. Это было ловко придумано: теперь фрейлина не могла отыскать нужные ворота — повсюду белели кресты.

Рано утром король с королевой, старуха фрейлина и все офицеры пошли посмотреть, куда это ездила принцесса ночью.

— Вот куда! — сказал король, увидев первые ворота с крестом.

— Нет, вот куда, муженёк! — возразила королева, заметив крест на других воротах.

— Да и здесь крест, и здесь! — зашумели другие, увидев кресты на всех воротах. Тут все поняли, что толку им не добиться.

Но королева была женщина умная, умела не только в каретах разъезжать. Взяла она большие золотые ножницы, изрезала на лоскутки целую штуку шёлковой материи, сшила крошечный хорошенький мешочек, насыпала в него мелкой гречневой крупы, привязала его на спину принцессе и потом прорезала в мешочке дырочку, чтобы крупа могла сыпаться на дорогу, по которой ездила принцесса.

Ночью собака явилась опять, посадила принцессу на спину и понесла к солдату; солдат так полюбил принцессу, что даже готов был стать принцем, лишь бы ему жениться на ней.

Собака не заметила, что крупа сыпалась за нею по всей дороге, от самого дворца до окон солдата, куда она прыгнула с принцессой.

Поутру король и королева сразу узнали, куда ездила принцесса, и солдата посадили в тюрьму.

Ух, до чего же там было темно и скучно! Засадили его туда и сказали: «Завтра утром тебя повесят!» Невесело было услышать это солдату, а огниво своё он позабыл дома, на постоялом дворе.

Утром солдат подошёл к маленькому окошку и стал глядеть сквозь железную решётку на улицу: народ толпами валил за город смотреть, как будут вешать солдата; били барабаны, проходили полки. Все спешили, бежали бегом. Бежал и мальчишка-сапожник в кожаном переднике. Он мчался вприпрыжку, и одна туфля слетела у него с ноги и ударилась прямо о стену, у которой стоял солдат и глядел в окошко.

– Эй, ты, куда торопишься? – крикнул мальчику солдат. – Без меня ведь дело не обойдётся! А вот если сбегаешь туда, где я жил, за моим огнивом, получишь четыре монеты. Только живо!

Мальчишка был не прочь получить четыре монеты, он стрелой пустился за огнивом, отдал его солдату и... А вот теперь послушаем!

За городом построили огромную виселицу, вокруг которой стояли солдаты и сотни тысяч народу. Король и королева сидели на роскошном троне против судей и всего королевского совета.

Солдат уже стоял на лестнице, и ему вот-вот собирались накинуть верёвку на шею, и тогда он сказал, что, прежде чем казнить преступника, всегда исполняют какое-нибудь его невинное желание. А ему бы очень хотелось выкурить трубочку – это ведь будет последняя его трубочка на этом свете!

Король не посмел отказать в этой просьбе, и солдат вытащил огниво. Ударил по кремню раз, два, три – и перед ним предстали все три собаки: собака с глазами, как чайные чашки, собака с глазами, как мельничные колёса, и собака с глазами, как Круглая башня.

– А ну, помогите мне избавиться от петли! – приказал солдат.

И собаки бросились на судей и на весь королевский совет: хватали того за ноги, того за нос да швыряли кверху на несколько сажен, и все падали и разбивались вдребезги!

— Не надо! — закричал король, но самая большая собака схватила его вместе с королевой и подбросила их кверху вслед за другими. Тогда солдаты испугались, а весь народ закричал:

– Служивый, будь нашим королём и возьми за себя прекрасную принцессу!

Солдата посадили в королевскую карету, и все три собаки танцевали перед ней и кричали «ура». Мальчишки свистели, засунув пальцы в рот, солдаты отдавали честь. Принцесса вышла из своего медного замка и сделалась королевой, чем была очень довольна. Свадебный пир продолжался целую неделю; собаки тоже сидели за столом и таращили глаза.

Братья Гримм

БАБУШКА МЕТЕЛИЦА

У одной вдовы было две дочери: родная дочка и падчерица. Родная дочка была ленивая да привередливая, а падчерица – хорошая и прилежная. Но мачеха не любила падчерицу и заставляла её делать всю тяжёлую работу.

Бедняжка целыми днями сидела на улице у колодца и пряла. Она так много пряла, что все пальцы у неё были исколоты до крови.

Вот как-то раз девочка заметила, что её веретено испачкано кровью. Она хотела его обмыть и наклонилась над колодцем. Но веретено выскользнуло у неё из рук и упало в воду. Девочка горько заплакала, побежала к мачехе и рассказала ей о своей беде.

– Ну что ж, сумела уронить – сумей и достать, – ответила мачеха.

Девочка не знала, что ей делать, как достать веретено. Она пошла обратно к колодцу да с горя и прыгнула в него. У неё сильно закружилась голова, и она даже зажмурилась от страха. А когда снова открыла глаза, то увидела, что стоит на прекрасном зелёном лугу, а вокруг много-много цветов и светит яркое солнышко.

Пошла девочка по этому лугу и видит – стоит печка, полная хлебов.

– Девочка, девочка, вынь нас из печки, а то мы сгорим! – закричали ей хлебы.

Девочка подошла к печке, взяла лопату и вынула один за другим все хлебы.

Пошла она дальше, видит – стоит яблоня, вся усыпанная спелыми яблоками.

– Девочка, девочка, стряхни нас с дерева, мы уже давно созрели! – закричали ей яблоки.

Девочка подошла к яблоне и так стала трясти её, что яблоки дождём посыпались на землю. Она трясла до тех пор, пока на ветках ни одного яблочка не осталось. Потом собрала все яблоки в кучу и пошла дальше.

И вот пришла она к маленькому домику, и вышла из этого домика к ней навстречу старушка. У старушки были такие огромные зубы, что девочка испугалась. Она хотела убежать, но старушка крикнула ей:

— Не бойся, милая девочка! Останься-ка лучше у меня да помоги мне в хозяйстве. Если ты будешь прилежна и трудолюбива, я щедро награжу тебя. Только ты должна так взбивать мою перину, чтобы из неё пух летел. Я ведь Метелица, и когда из моей перины летит пух, то у людей на земле снег идёт.

Услыхала девочка, как приветливо говорит с ней старушка, и осталась жить у неё. Она старалась угодить Метелице, и, когда взбивала перину, пух так и летел вокруг, будто снежные хлопья. Старушка полюбила прилежную девочку, всегда была с ней ласкова, и девочке жилось у Метелицы гораздо лучше, чем дома.

Но вот пожила она сколько-то времени и стала тосковать. Сначала она и сама не знала, почему тоскует. А потом поняла, что соскучилась по родному дому.

Пошла она тогда к Метелице и сказала:

— Мне очень хорошо у вас, бабушка, но я так соскучилась по своим! Можно мне пойти домой?

— Это хорошо, что ты соскучилась по дому: значит, у тебя доброе сердце, — сказала Метелица. — А за то,

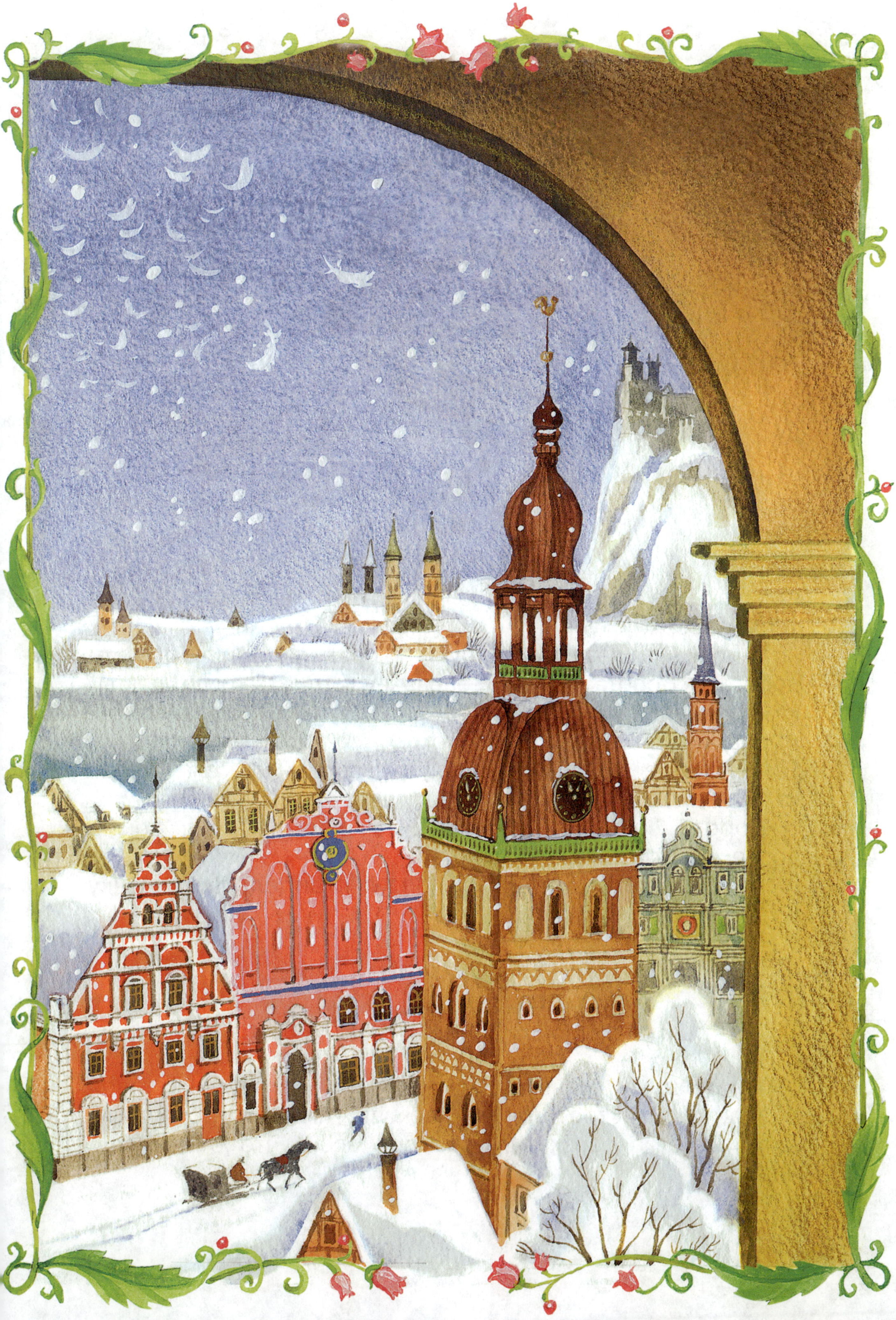

что ты мне так прилежно помогала, я сама провожу тебя наверх.

Она взяла девочку за руку и привела её к большим воротам. Ворота широко распахнулись, и, когда девочка проходила под ними, на неё полил золотой дождь, и она вся покрылась золотом.

– Это тебе за твою прилежную работу, – сказала бабушка Метелица; потом она подала девочке её веретено.

Ворота закрылись, и девочка очутилась на земле возле своего дома.

На воротах дома сидел петух. Увидел он девочку и закричал:

– Ку-ка-ре-ку! Смотри, народ:
Наша девочка вся
    в золоте идёт!

Увидели и мачеха с дочкой, что девочка вся в золоте, и встретили её ласково, начали расспрашивать. Девочка рассказала им обо всём, что с ней случилось.

Вот мачеха и захотела, чтобы её родная дочка, ленивица, тоже разбогатела. Она дала ленивице веретено и послала её к колодцу. Ленивица уколола себе нарочно палец о колючки шиповника, измазала веретено кровью и бросила его в колодец. А потом и сама туда прыгнула. Она тоже, как её сестра, попала на зелёный луг и пошла по дорожке.

Дошла она до печки, хлебы и ей закричали:

– Девочка, девочка, вынь нас из печки, а то мы сгорим!

– Очень надо мне руки пачкать! – ответила им ленивица и пошла дальше.

Когда проходила она мимо яблони, яблоки крикнули:

– Девочка, девочка, стряхни нас с дерева, мы давно созрели!

– Нет, не стряхну! А то упадёте ещё мне на голову, ушибёте, – ответила ленивица и пошла дальше.

Пришла ленивая девочка к Метелице и ничуть не испугалась её длинных зубов. Ведь сестра уже рассказала ей, что старушка совсем не злая. Вот и стала ленивица жить у бабушки Метелицы.

В первый день она кое-как скрывала свою лень и делала, что ей велела старушка. Уж очень хотелось ей получить награду. Но на второй день начала лениться, а на третий не захотела даже встать утром с постели. Она совсем не заботилась о перине Метелицы и взбивала её так плохо, что из неё не вылетало ни одного пёрышка. Бабушке Метелице очень не понравилась ленивая девочка.

— Пойдём, я отведу тебя домой, — сказала она через несколько дней ленивице.

Ленивица обрадовалась и подумала: «Наконец-то и на меня золотой дождь польётся!» Привела её Метелица к большим воротам, но, когда ленивица проходила под ними, на неё не золото посыпалось, а вылился целый котёл чёрной смолы.

— Вот, получай за свою работу! — сказала Метелица, и ворота закрылись.

Когда подошла ленивица к дому, увидел петух, какая она стала чумазая, взлетел на колодец и закричал:

— Ку-ка-ре-ку! Смотри, народ:
Вот замарашка к нам идёт!

Мылась, мылась ленивица — никак не могла отмыть смолу. Так и осталась замарашкой.

Братья Гримм
МАЛЕНЬКИЕ ЧЕЛОВЕЧКИ

Один сапожник так обеднел, что у него не осталось ничего, кроме куска кожи на одну только пару сапог.

Ну вот, скроил он вечером эти сапоги и решил на следующее утро приняться за шитьё. А так как совесть у него была чиста, он спокойно улёгся в постель и заснул сладким сном.

Утром, когда сапожник хотел взяться за работу, он увидел, что оба сапога стоят совершенно готовые на его столе.

Сапожник очень удивился и не знал, что об этом и думать. Он стал внимательно разглядывать сапоги. Они были так чисто сделаны, что сапожник не нашёл ни одного неровного стежка. Это было настоящее чудо сапожного мастерства!

Вскоре явился покупатель. Сапоги ему очень понравились, и он заплатил за них больше, чем обычно. Теперь сапожник мог купить кожи на две пары сапог.

Он скроил их вечером и хотел на следующее утро со свежими силами приняться за работу.

Но ему не пришлось этого делать: когда он встал, сапоги были уже готовы. Покупатели опять не заставили себя ждать и дали ему так много денег, что он закупил кожи уже на четыре пары сапог.

Утром он нашёл и эти четыре пары готовыми.

Так с тех пор и повелось: что он с вечера скроит, то к утру готово. И вскоре сапожник снова стал зажиточным человеком.

Однажды вечером, незадолго до Нового года, когда сапожник опять накроил сапог, он сказал своей жене:

— А что, если мы в эту ночь не ляжем спать и посмотрим, кто это нам так хорошо помогает?

Жена обрадовалась. Она убавила свет, оба они спрятались в углу за висевшим там платьем и стали ждать, что будет.

Наступила полночь, и вдруг появились два маленьких голых человечка. Они сели за сапожный стол, взяли скроенные сапоги и принялись так ловко и быстро колоть, шить, приколачивать своими маленькими ручками, что удивлённый сапожник не мог от них глаз отвести. Человечки работали без устали до тех пор, пока не сшили все сапоги. Тогда они вскочили и убежали.

На другое утро жена сапожника сказала:

— Эти маленькие человечки сделали нас богатыми, и мы должны отблагодарить их. У них нет никакой одежды, и они, наверно, зябнут. Знаешь что? Я хочу сшить им рубашечки, кафтанчики, штанишки и связать каждому из них по паре чулок. Сделай и ты им по паре башмачков.

– С удовольствием, – ответил муж.

Вечером, когда всё было готово, они положили на стол вместо скроенных сапог свои подарки. А сами спрятались, чтобы увидеть, что станут делать человечки.

В полночь человечки появились и хотели взяться за работу. Но вместо кожи для сапог они увидели приготовленные для них подарки. Человечки сначала удивились, а потом очень обрадовались.

Они сейчас же оделись, расправили на себе свои красивые кафтанчики и запели:

– Что мы за красавчики!
Любо взглянуть.
Славно поработали –
Можно отдохнуть.

Потом они стали скакать, плясать, перепрыгивать через стулья и скамейки. И наконец, приплясывая, выскочили за дверь.

С тех пор они больше не появлялись. Но сапожник жил хорошо до самой своей смерти.

Шарль Перро

ОСЛИНАЯ ШКУРА

Жил-был однажды король. Был он богатый, могущественный и любимый своими подданными. И жена у него была очень красивая.

Король с королевой жили в полном согласии. Своих детей у них не было, они воспитывали приёмную дочь.

Но к счастью всегда примешивается беда. Королева вдруг заболела тяжкою болезнью, и даже самые искусные доктора не могли вылечить её.

Чувствуя приближение последнего часа, королева сказала своему супругу, который заливался слезами:

– Позвольте перед смертью попросить вас об одном: если вы надумаете жениться...

При этих словах король схватил руки жены и стал заверять, что и говорить не желает о втором браке.

— Нет, нет, — сказал он в заключение, — любезная королева, скорей я умру!

— Но молю вас жениться лишь в том случае, если вы приищете принцессу стройнее меня и милее. Дайте клятву, и тогда я умру спокойно.

Королева, у которой не было недостатка в самолюбии, требовала такую клятву, думая, наверно, что во всём свете нет равной ей особы, и рассчитывая, что таким образом королю не придётся вступать во второй брак.

Наконец она скончалась. Король плакал, рыдал, жаловался на свою судьбу.

Большое горе продолжалось недолго. Первые люди королевства вскоре явились к королю просить, чтобы он сочетался вторым браком. Это предложение показалось ему жестоким и вызвало у него новые слёзы. Он сослался на свою клятву и, думая отделаться, пригласил своих министров найти ему принцессу, которая была бы стройнее и милее прежней жены. Каждый день ему приносили портреты очень красивых женщин, но ни одна из них не могла сравниться с покойницей королевой.

Однажды король решил, что его приёмная дочь так же умна и красива, как его умершая жена, и объявил, что намерен на ней жениться.

Молодая принцесса чуть не упала в обморок от такого предложения. Она бросилась к ногам короля и всячески заклинала его не делать этого.

Девушка в глубокой печали вспомнила о волшебнице Сирени, своей крёстной. В ту же ночь она отправилась к ней в красивой коляске, запряжённой большим бараном, который знал все дороги.

Волшебница, любившая принцессу, сказала, что ей уже всё известно, но что нет надобности беспокоиться, ибо ничего не случится дурного, если только принцесса в точности исполнит то, что она прикажет.

— Прежде всего попроси у короля платье небесного цвета. Он тебе такого платья никогда не достанет.

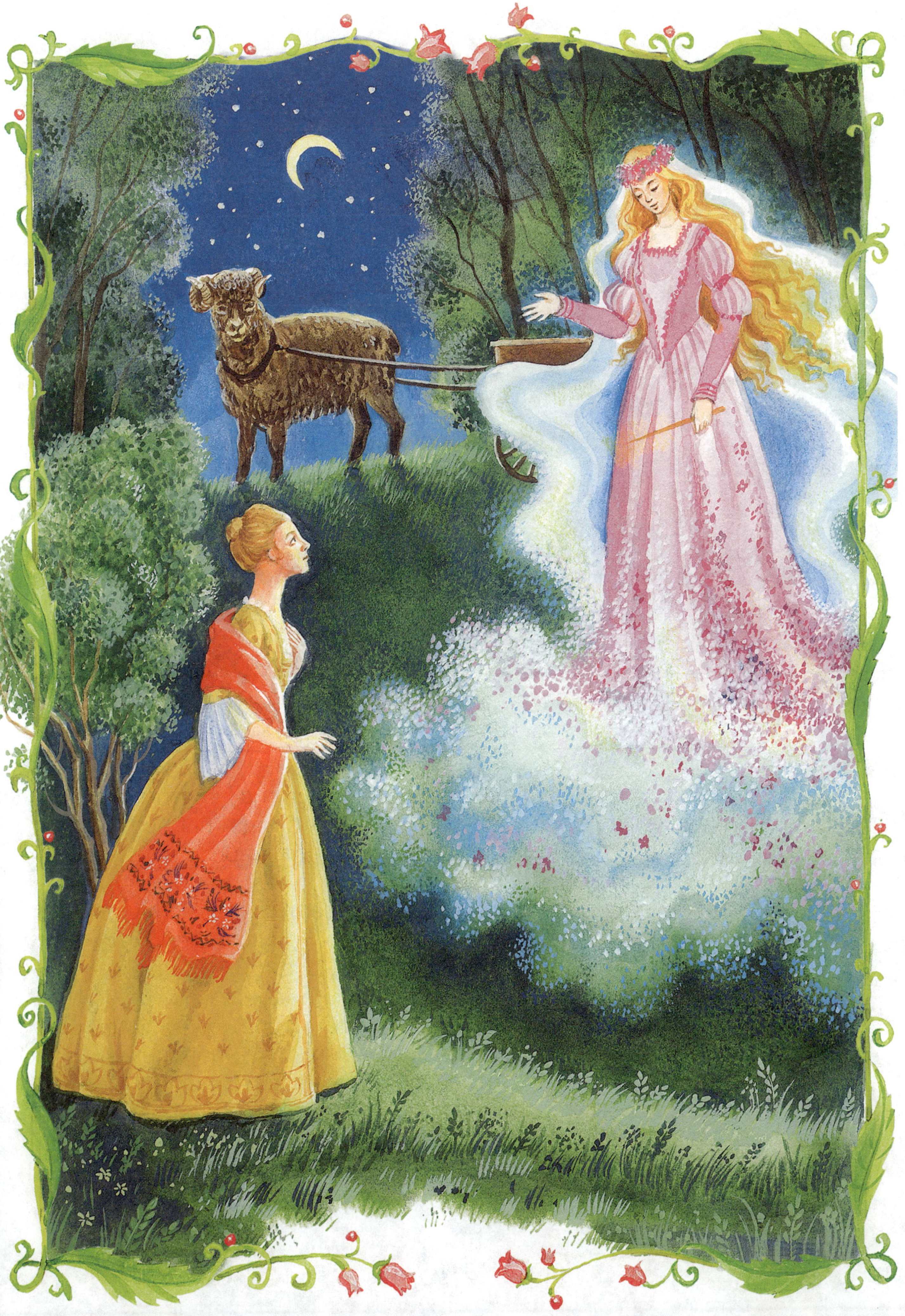

Принцесса поблагодарила крёстную и на другое же утро сказала королю то, что ей волшебница посоветовала, прибавив, что до тех пор не даст своего согласия, пока не получит платья, голубого, как небосклон.

Король, ободрённый надеждою, созвал самых лучших мастеров и заказал им такое платье, с условием, что если они не сумеют угодить, то он всех их прикажет повесить. Однако до такой крайности не дошло. На другой же день они принесли требуемый наряд, и в сравнении с ним сам голубой небесный свод, опоясанный золотистыми облаками, показался менее прекрасен.

Принцесса совсем затосковала, не зная, как выпутаться из беды. Король торопил со свадьбою. Пришлось опять прибегнуть к волшебнице, которая, очень удивившись, что замысел её не удался, приказала попросить платье такого цвета, как месяц.

Король опять послал за самыми искусными мастерами и с таким грозным видом заказал им платье такого цвета, как месяц, что между заказом и исполнением не прошло и суток. Принцессу снова охватила печаль.

Сирень-волшебница была всезнайка. Она явилась на помощь горюющей принцессе и сказала:

– Или я очень ошибаюсь, или, потребовав платье, блестящее, как солнце, нам удастся привести короля в затруднение. Такого платья ему не достать. Так или иначе, но мы выиграем время.

Принцесса согласилась с этим и потребовала от короля такое платье. Король не колеблясь отдал все свои брильянты и рубины и наказал ничего не жалеть, лишь бы платье блестело, как солнце. Когда принесли платье да развернули, все вынуждены были зажмурить глаза, так оно их ослепило.

Что должна была чувствовать принцесса в этот момент! Никогда ещё она не видела ничего подобного. Принцесса растерялась и, сославшись на то, что от сильного блеска у неё разболелась голова, ушла в свою комнату, где её ожидала волшебница, раздосадованная донельзя.

– Ну, уж теперь, девочка моя, – сказала она принцессе, – мы придумаем такое испытание, которого королю не выдержать. Попроси у него шкуру его любимого осла, который вместо навоза дарит ему золотые монеты.

Принцесса обрадовалась, что для короля нашлось ещё одно испытание. Она была уверена, что король ни за что не решится пожертвовать своим ослом. Она пошла к королю и попросила ослиную шкуру.

Хотя король удивился такому капризу, но не колебался его исполнить. Бедного осла убили, а шкуру его торжественно принесли принцессе, которая снова впала в отчаяние, но тут в комнату вбежала волшебница Сирень.

– Полно, милая, полно! – сказала она, видя, что принцесса рвёт на себе волосы и бьёт себя по щекам. – Настала самая счастливая минута твоей жизни. Завернись в эту шкуру, уходи из дворца и иди, пока тебя несёт земля. Ступай. Я устрою, чтобы сундук с твоими платьями повсюду следовал за тобой. Куда бы ты ни пошла, сундук с платьями и дорогими вещами будет следовать под землёй за тобою. Вот тебе моя палочка: когда понадобится сундук, ударь палочкою по земле, и он явится перед твоими глазами. Но уходи скорее, не медли.

Принцесса расцеловала волшебницу, напялила на себя мерзкую шкуру, вымазалась сажей из трубы и, не узнанная никем, покинула роскошный дворец.

Отсутствие принцессы вызвало большую тревогу. Король, уже сделавший приготовления к пиру, пришёл в отчаяние и был неутешен. Он разослал во все стороны за дочерью около тысячи всадников, но помогавшая принцессе волшебница сделала её невидимой для самых зорких глаз. Пришлось отказаться от напрасной погони.

А принцесса между тем шла путём-дорогою. Зашла она далеко, далеко и везде просилась в служанки. Однако никто не хотел принимать её к себе в дом, потому что выглядела она в ослиной шкуре просто безобразной.

Наконец попала она в большой город. Хозяйка одного из домов нуждалась в девчонке, которая мыла бы тряпки, смотрела бы за индюшками и чистила свиные корыта. Увидав такую грязную прохожую, эта женщина предложила ей пойти к ней в работницы, и принцесса с большим удовольствием согласилась.

Принцессу поместили на кухне. С первого же дня прислуга стала над ней грубо насмехаться, так как в ослиной шкуре она казалась отвратительно грязной. Однако понемногу к ней попривыкли; а поскольку она была усердна и работяща, то хозяйка взяла её под свою защиту.

Принцесса пасла овец, смотрела в поле за индюшками так хорошо, как будто всю жизнь ничем другим не занималась; в её руках спорилась всякая работа.

Однажды сидела она на берегу чистого ручья, где часто плакалась на свою горькую долю, и вздумалось ей посмотреться в воду. Противная ослиная шкура, которая служила ей платьем, привела её в ужас. Скинув ослиную шкуру, принцесса умылась в ручье. Сейчас лицо её и руки стали белее слоновой кости, на щёчках заиграл румянец. Радуясь своей красоте, она решила выкупаться, что и исполнила тут же. Но когда она возвращалась домой, ей пришлось опять надеть проклятую ослиную шкуру.

К счастью, на другой день был праздник; принцесса ударила по земле волшебной палочкой, и сундук с её платьями явился перед ней. Она выбрала голубое платье. Каморка её была такая маленькая, что негде было повернуться. Прекрасная принцесса посмотрелась в зеркало, полюбовалась собой и до того сама себе понравилась, что решила наряжаться от скуки по праздникам и воскресеньям во все свои платья.

Но кроме овец да индюшек, которые любили её и в ослиной шкуре, никто не видел наряженную в богатые платья принцессу. Из-за этой мерзкой ослиной шкуры её так и прозвали – Ослиная Шкура.

В один праздничный день, когда Ослиная Шкура нарядилась в своё блестящее, как солнце, платье, королевский сын заехал отдохнуть после охоты в тот самый дом, где Ослиная Шкура жила в работницах.

Принц был молод, красив и хорошо сложён, был любим отцом и матерью и обожаем народом. Ему поднесли деревенское угощенье. Принц откушал, потом принялся осматривать дом и дворы.

Случайно он зашёл в тёмный коридор, в конце которого заметил закрытую дверь. Из любопытства принц приложил глаз к замочной скважине. И был немало удивлён, когда увидел такую прекрасную и разодетую принцессу! От полноты чувств он готов был вышибить дверь, если бы не удержало его почтение к такой восхитительной особе.

Он поспешил к хозяйке дома разузнать, кто живёт в этой каморке. Ему отвечали, что живёт там девчонка, Ослиная Шкура, прозванная так из-за шкуры, которую она носит, и до того грязная, до того засаленная, что никто не хочет ни смотреть на неё, ни говорить с нею и что взяли эту девчонку из милости для присмотра за индюшками да за баранами.

Королевич понял, что больше он ничего об этой прекрасной девушке не узнает, и возвратился в королевский дворец. Но забыть красавицу королевич не мог и жалел, что не постучался в дверь и не зашёл в каморку. Он дал себе слово в другой раз непременно это сделать.

Королевич так сильно тосковал по незнакомой красавице, что в конце концов тяжело заболел. Королева, у которой не было других детей, приходила в отчаяние, видя, что никакие лекарства не помогают. Напрасно она сулила докторам большие награды: они очень старались, но легче королевичу не становилось.

Наконец они догадались, что болезнь эта вызвана каким-то большим горем.

— Сын мой, — сказала королева, — мы готовы на любые жертвы, лишь бы спасти твою жизнь. Объявим, чего ты желаешь, и верь, что желание твоё будет исполнено.

— Я желаю, — отвечал королевич, — чтобы Ослиная Шкура испекла мне пирог и, когда он будет готов, чтоб она мне его принесла.

Королеву удивило это странное желание, и она спросила, кто такая эта Ослиная Шкура.

— Это гадкая грязнушка, которая живёт недалеко отсюда и пасёт индюшек и овец, — объяснил один из придворных.

Королева приказала придворным разыскать Ослиную Шкуру, чтобы та немедленно испекла пирог для королевича.

Принцесса заперлась в своей каморке, сбросила ослиную шкуру, вымыла лицо и руки, причесала свои белокурые волосы, надела платье из серебряной материи и принялась готовить пирог. Муку она взяла самую лучшую и самые свежие масло и яйца. Замешивая тесто, нарочно или нечаянно, она сронила с пальца кольцо, которое упало в тесто да там и осталось. А когда пирог был готов, принцесса напялила на себя противную шкуру, подала пирог придворному и спросила его о здоровье королевича. Но придворный не удостоил её ответом и побежал с пирогом к королевичу.

Королевич выхватил пирог из рук придворного и стал есть его так поспешно, что присутствовавшие при этом доктора подумали, что такая поспешность не предвещает ничего хорошего. И точно, принц чуть не подавился кольцом, которое попалось ему в одном из кусков пирога. Но королевич быстро вынул кольцо изо рта и после того стал кушать пирог уже с меньшей горячностью. Он долго рассматривал колечко, такое маленькое, что оно могло прийтись впору только самому хорошенькому пальчику на свете.

Королевич поцеловал колечко, сунул его под подушку и то и дело вынимал оттуда, когда думал, что никто его не видит. Он придумывал, как бы увидать ту, которой колечко придётся впору, но не смел просить, чтобы позвали Ослиную Шкуру, которая испекла пирог. Он боялся, что не получит на это согласие; не смел он также рассказывать и о том, что подглядывал в замочную скважину, чтобы не стали над ним смеяться и не приняли его за фантазёра... Все эти мысли не давали ему покоя, поэтому болезнь его усиливалась, и доктора, не зная уж, что и придумать, объявили королеве: принц болен от любви. Королева прибежала к сыну вместе с королём, который тоже был очень расстроен.

— Сын мой, сын мой любимый! — вскричал опечаленный король. — Укажи нам девушку, которую ты любишь, и мы клянёмся, что женим тебя на ней, будь она даже самая презренная служанка.

Королева, обнимая сына, подтвердила клятву короля. Королевич, растроганный слезами и добротой родителей своих, сказал им, вынимая из-под подушки колечко:

— Батюшка и матушка, я женюсь на той, которой подойдёт это колечко.

Король с королевой взяли колечко, оглядели его с любопытством и решили, что такое колечко может прийтись впору только прекрасной девушке. Король обнял сына и, умоляя его выздоравливать поскорее, вышел из комнаты и приказал ударить в барабаны и объявить по всему королевству, чтобы собирались девушки во дворец примеривать колечко и что та, которой колечко придётся впору, за королевича замуж выйдет.

Сперва во дворец пришли принцессы, потом герцогини, затем придворные дамы, но как они ни старались, ни одна кольца не надела. Пришлось позвать кухарок, судомоек и свинопасок. Их привели, но их толстые, красные, короткие пальцы не лезли в колечко дальше ногтя.

— А приводили эту Ослиную Шкуру, что на днях пекла мне пирог? — спросил королевич.

Все захохотали и ответили, что нет, потому что она слишком грязная.

— Сию минуту послать за нею! — сказал король.

Придворные с насмешками побежали за девчонкой.

Принцесса, которая слышала бой барабанов, догадалась, что вся эта суматоха поднялась из-за её колечка. Она очень обрадовалась, когда пришли за нею. Она причесалась получше и надела платье, украшенное серебряными кружевами. Как только она услыхала, что стучатся в дверь и зовут её к королевичу, она сейчас же накинула поверх платья ослиную шкуру, потом отворила. Придворные с насмешками объявили, что король желает выдать её замуж за своего сына; потом с хохотом повели её к королевичу, который не мог поверить, что это именно та красавица, которую он увидел сквозь дверную щёлку.

— Это вы живёте в конце тёмного коридора, в том большом доме, где я недавно побывал? — спросил королевич.

— Я! — отвечала она.

— Покажите вашу руку, — продолжал королевич, дрожа всем телом.

Каково же было изумление короля и королевы и всех придворных, когда из-под чёрной, запачканной шкуры показалась маленькая нежная ручка, беленькая, с розовыми ноготками и когда кольцо без труда скользнуло на самый хорошенький пальчик на свете. Лёгким движением принцесса сбросила с себя шкуру. Королевич, поражённый такой восхитительной красотой, несмотря на свою слабость, бросился к ногам принцессы. Король с королевой также бросились обнимать её, спрашивая, желает ли она выйти замуж за их сына.

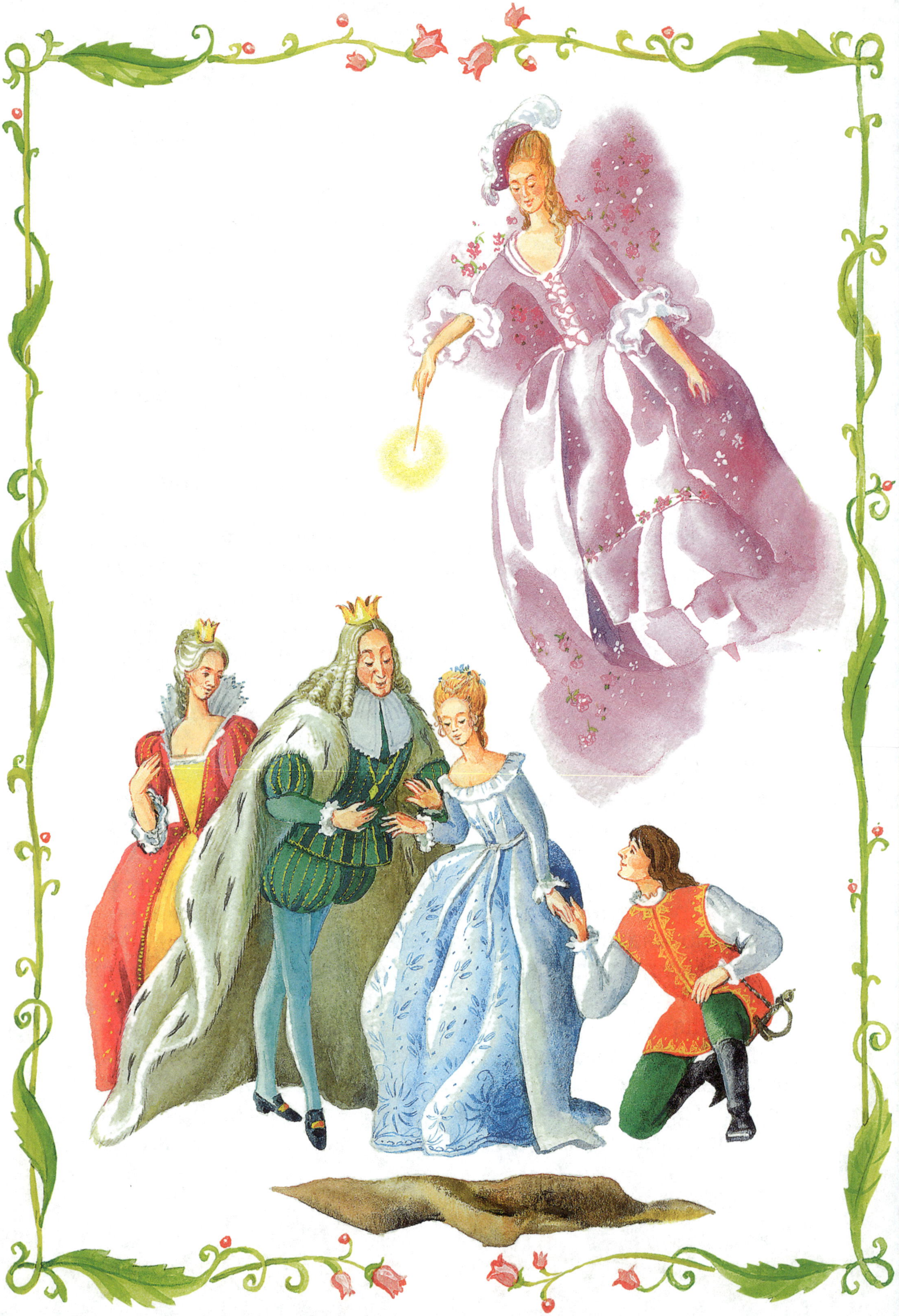

Принцесса, смущённая происходящим, только было собиралась выразить свою благодарность, как вдруг потолок раскрылся и в зал на колеснице из сиреневых цветов и веток (от которых она и получила своё имя) спустилась волшебница Сирень и рассказала историю принцессы. Король с королевой пришли в восторг, узнав, что Ослиная Шкура оказалась знатной принцессой.

Принцесса объявила, что не может выйти замуж без согласия короля, своего батюшки; к нему к первому и послали приглашение на свадьбу, не открывая имени невесты. Так посоветовала волшебница Сирень (которая, понятно, всем распоряжалась); она имела на то свои причины.

На торжество съехались короли изо всех стран; одни ехали в каретах, другие верхом, а самые дальние на слонах, на тиграх, на орлах. Свадьбу сыграли с роскошью, какую только можно себе представить. Молодые мало обращали внимания на всё это великолепие; они только и знали, что смотрели друг на дружку и только друг друга и видели.

Шарль Перро

СИНЯЯ БОРОДА

Жил-был когда-то человек, который был очень богат: были у него прекрасные дома, золотая и серебряная посуда, шитые кресла и позолоченные кареты. Но, к несчастью, борода у этого человека была синяя, и эта борода делала его таким безобразным, что все девушки и женщины, как только завидят его, поскорее убегали. Его так и прозвали – Синяя Борода.

У одной из его соседок, дамы происхождения благородного, были две дочери, обе красавицы. Он хотел жениться на одной из них, не указывая, на какой именно, и предоставляя самой матери выбрать ему невесту. Но ни та ни другая не соглашались быть его женою: они не могли решиться выйти замуж за человека, у которого борода была синяя, и только ссорились между собою, отсылая его друг дружке. Их смущало и то, что у него уже было несколько жён, и никто на свете не знал, что с ними сталось.

Синяя Борода, желая дать девушкам возможность узнать его получше, повёз их вместе с матерью, тремя-четырьмя самыми близкими их приятельницами и несколькими молодыми соседями в один из своих загородных домов, где и провёл с ними целую неделю. Гости гуляли, ездили на охоту, на рыбную ловлю; пляски и пиры не прекращались; сна по ночам и в помине не было; каждый потешался, придумывал забавные шалости и шутки – словом, всем было так хорошо и весело, что младшая из дочерей скоро пришла к убеждению, что у хозяина борода вовсе не такая синяя и что он очень даже любезный и приятный кавалер. Как только все вернулись в город, свадьбу тотчас и сыграли.

Через месяц после свадьбы Синяя Борода сказал своей жене, что он должен ненадолго, по меньшей мере на шесть недель, отлучиться из дому по очень важному делу. Он попросил её не скучать в его отсутствие, а, напротив, всячески веселиться и жить в своё удовольствие.

— Вот, — добавил он, — ключи от двух главных кладовых; вот ключи от золотой и серебряной посуды, которая не каждый день на стол ставится; вот от сундуков с деньгами; вот от ящиков с драгоценными камнями; вот, наконец, ключ, которым все комнаты отпереть можно. А вот этот маленький ключик отпирает каморку, которая находится внизу, в самом конце тёмного коридора. Можешь всё отпирать, всюду входить, но строго-настрого запрещаю тебе входить в ту каморку. Если же ты нарушишь мой запрет, то тебя ждёт самое страшное наказание.

Жена обещала Синей Бороде в точности исполнить его приказания и наставления; а он, поцеловав её, сел в карету и пустился в путь.

Соседки и приятельницы молодой не стали дожидаться приглашения, а пришли все сами, до того не терпелось им увидать собственными глазами те несметные богатства, какие, по слухам, находились в её доме. Они боялись приходить, когда Синяя Борода был дома. Гости тотчас отправились осматривать все комнаты, и удивлению их конца не было: всё им показалось таким великолепным и красивым! Они добрались до кладовых, и чего только они там не увидали! Пышные кровати, диваны, богатейшие занавесы, столы, столики, зеркала – такие огромные, что с головы до ног можно было в них себя видеть, и с такими чудесными, необыкновенными рамами! Одни рамы были тоже зеркальные, другие – из позолоченного резного серебра. Соседки и приятельницы без умолку восхваляли и превозносили счастье хозяйки дома, однако её нисколько не занимали все эти богатства: её мучило желание отпереть каморку внизу, в конце тёмного коридора.

Любопытство её было настолько велико, что, не подумав о том, как невежливо оставлять гостей, она вдруг бросилась вниз по потайной лестнице, чуть шею себе не сломала. Прибежав к дверям каморки, она, однако, остановилась на минутку – вспомнила о запрете мужа. «Ну, – подумала она, – будет мне наказание за моё непослушание!» Но удержаться она не могла. Взяла ключ и, вся дрожа как лист, отперла каморку.

Сперва она ничего не разобрала: в каморке было темно, окна были закрыты. Но немного погодя она увидела на полу лужу крови и несколько мёртвых женщин. То были прежние жёны Синей Бороды, которых он убил одну за другой. Она чуть не умерла на месте от страха и выронила из руки ключ.

Наконец она опомнилась, подняла ключ, заперла дверь и пошла в свою комнату. Но она до того перепугалась, что очень долго не могла прийти в себя.

Тут она заметила, что ключ от каморки запачкался в крови; она вытерла его раз, другой, третий, но пятно не сходило. Как она его ни мыла, как ни тёрла, даже песком и толчёным кирпичом – пятно крови всё оставалось: исчезая с одной стороны, кровь выступала на другой, так как ключ этот был волшебный.

В тот же вечер из своего путешествия вернулся Синяя Борода. Он сказал жене, что по дороге получил известие о том, что дело, по которому он должен был уехать, решилось в его пользу. Жена всячески старалась показать, как она рада его скорому возвращению.

На другое утро Синяя Борода спросил у неё ключи. Она подала их ему, но рука её так дрожала, что он без труда догадался обо всём, что произошло в его отсутствие.

– А где ключ от каморки? – спросил он. – Почему не вместе с другими?

– Я его, должно быть, забыла у себя наверху, на столе, – отвечала она.

– Немедленно принеси его! – потребовал Синяя Борода.

После разных отговорок жена принесла всё-таки страшный ключ.

– Почему на нём кровь? – спросил он.

– Не знаю, – отвечала бедная женщина, а сама побледнела как полотно.

– Ты не знаешь! – закричал Синяя Борода. – Ну, так я знаю! Ты заходила в каморку. Хорошо же, ты войдёшь туда ещё раз и займёшь своё место возле тех женщин, которых ты там видела.

Она бросилась к ногам своего мужа, горько заплакала и стала просить у него прощения. Кажется, камень тронулся бы мольбам такой красавицы, но у Синей Бороды сердце было твёрже всякого камня.

— Ты должна умереть, — сказал он, — и сейчас же.

— Коли уж я должна умереть, — сказала она сквозь слёзы, — так дай мне минуточку времени попрощаться с сестрой.

— Даю тебе ровно пять минут, — сказал Синяя Борода, — и ни секунды больше!

Он сошёл вниз, а она позвала сестру свою и сказала ей:

— Сестра моя Анна (её так звали), взойди, пожалуйста, на самый верх башни, посмотри, не едут ли мои братья? Они обещались навестить меня сегодня. Если ты их увидишь, так подай им знак, чтоб они поторопились.

Сестра Анна взошла на верх башни, а бедняжка горемычная время от времени кричала ей:

— Сестра Анна, ты ничего не видишь?

А сестра Анна ей отвечала:

— Я вижу, солнышко сияет и травушка зеленеет.

Между тем Синяя Борода, ухватив огромный ножище, кричал изо всех сил:

— Иди сюда, иди, или я к тебе пойду!

— Сейчас, сейчас, — отвечала его жена и прибавляла шёпотом: — Анна, сестра Анна, ты ничего не видишь?

А сестра Анна отвечала:

— Я вижу, солнышко сияет и травушка зеленеет.

— Иди же, иди скорее, — кричал Синяя Борода, — а не то я к тебе пойду!

— Иду, иду! — отвечала жена и опять спрашивала сестру: — Анна, сестра Анна, ты ничего не видишь?

— Я вижу, — отвечала Анна, — большое облако пыли к нам приближается.

— Это братья мои?

— Ах, нет, сестра, это стадо баранов.

— Придёшь ли ты наконец! — завопил Синяя Борода.

— Подожди ещё минутку, — отвечала его жена и опять спрашивала: — Анна, сестра Анна, ты ничего не видишь?

— Я вижу двух верховых, которые скачут сюда, но они ещё очень далеко. Слава богу, — прибавила она немного погодя, — это наши братья. Я подаю им знак, чтоб они поторопились.

Но тут Синяя Борода поднял такой крик, что задрожали стены дома. Бедная жена его сошла вниз и вся в слезах бросилась к его ногам.

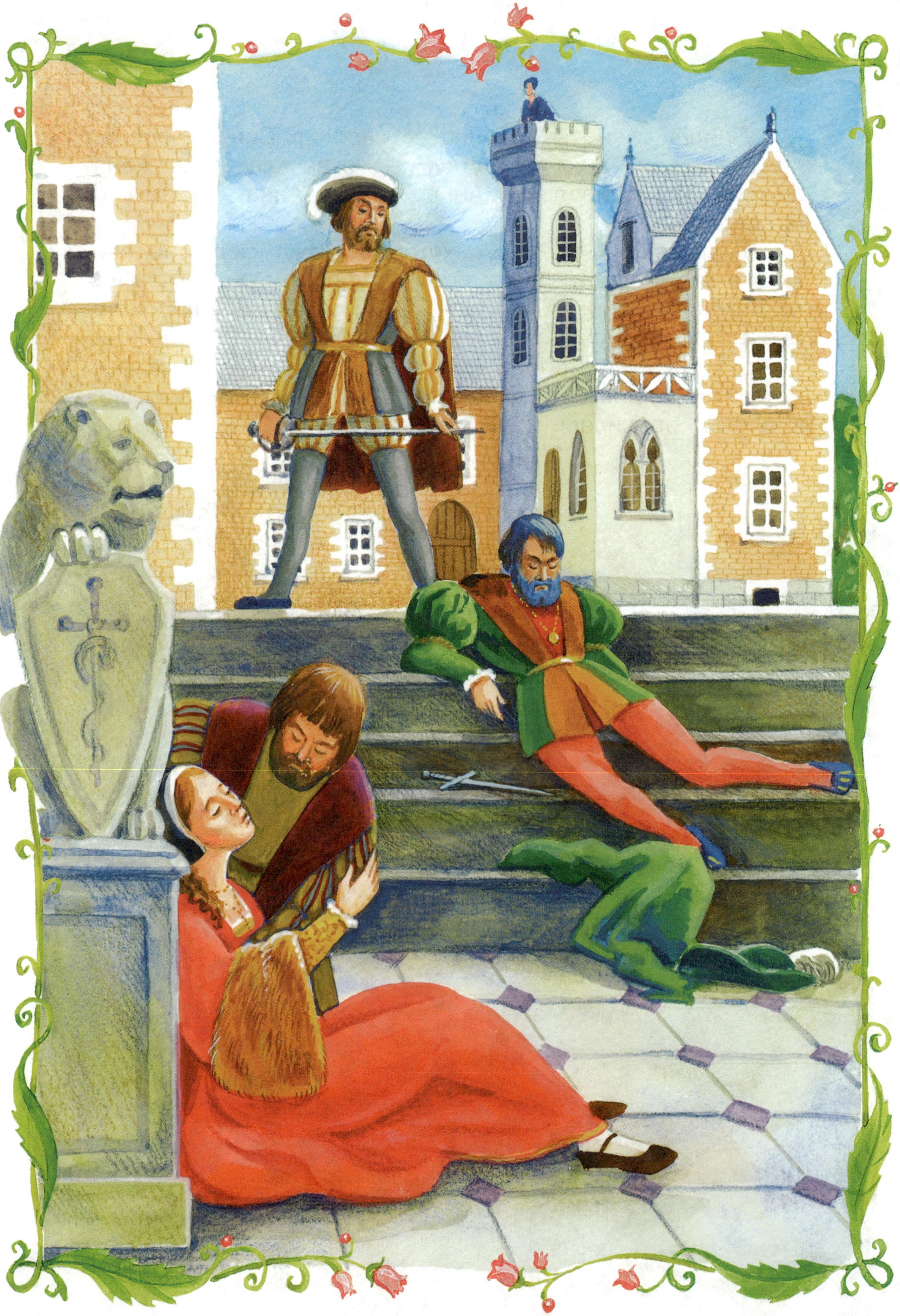

— Это теперь ни к чему, — сказал Синяя Борода, — пришёл твой смертный час.

Одной рукой он схватил её за волосы, другою поднял свой страшный нож...

— Дай мне ещё миг, только один миг, с духом собраться... — умоляла она.

— Нет, нет! — отвечал он.

И занёс уже над ней нож. Но в это мгновение у дверей дома раздался такой сильный стук, что Синяя Борода остановился, оглянулся... Двери разом отворились, и в комнату ворвались два молодых человека. Выхватив свои сабли, они бросились прямо на Синюю Бороду.

Он узнал братьев жены и тотчас бросился бежать, но братья нагнали его, прежде чем он успел забежать за крыльцо. Они прокололи его насквозь своими саблями. Бедная жена Синей Бороды была едва жива, у неё не было даже сил обнять своих избавителей.

Оказалось, что у Синей Бороды не было наследников, и всё его состояние перешло к вдове. Одну часть его богатств она употребила на то, чтобы выдать свою сестру Анну замуж за молодого человека, который уже давно был в неё влюблён; другую часть она отдала братьям, а остальным распорядилась сама. Вскоре она вышла замуж за честного и хорошего человека, с которым забыла всё горе, которое претерпела, будучи женою Синей Бороды.

Содержание

Мои любимые стихи

Е. Серова. Солнце в доме 6

В. Данько. Что делать после дождика? 7

И. Мазнин. Облака 8

З. Александрова. Ветер на речке 9

И. Мазнин. Что я знаю? 11
          Любимая каша 12

А. Богдарин. Молочник-волшебник 13
          Непослушные шнурки 19

Э. Мошковская. Сто ребят – детский сад 20

Н. Саконская. Ягодка по ягодке 22

И. Пивоварова. Волшебная палочка 23
          Тайна 24
          Ёжик 25
          Овечки на крылечке 26
          Воробей и кошки 28

Мой храбрый лев	30
Ю. Коринец. Лапки	32
Э. Мошковская. Жил на свете один человечек	34
Хитрые старушки	36
И. Токмакова. Котята	38
Б. Заходер. Никто	43
В. Степанов. Кто хозяин?	45
А. Усачёв. Планета кошек	46
Б. Заходер. Дырки в сыре *(Из Яна Бжехвы)*	48
Д. Хармс. Очень страшная история	51
Э. Мошковская. Эх!	52
Н. Саконская. Разговор о маме	53
Э. Мошковская. Обида	54
В. Данько. Спасибо	56
Д. Герасимова. Синий кот	58
В. Берестов. Знакомый	59
А. Барто. Думают ли звери?	60
Вам не нужна сорока?	61
Уехали	63
И. Токмакова. В чудной стране	65
Плим	66
В. Орлов. Цветное молоко	67
К. Чуковский. Скрюченная песня	70
Барабек (Как нужно дразнить обжору)	71
Я. Аким. Цветные огоньки	72
Первый снег	74
В лесу	76
А. Усачёв. Паповоз	78

Юрий Кушак. Заячья радость..................82
    Как медвежонок зуб лечил..................83

Я. Аким. Жадина 84
    Неумейка 86

З. Александрова. Белочка..................91
    Таня и Волчок 92
    Новый снег 94
    Птичья ёлка 95

К. Чуковский. Ёлка 96

Е. Серова. Новогоднее..................97

З. Орлова. Новый год..................98

А. Барто. Я выросла..................99
    По дороге в класс..................100

В. Маяковский. Что такое хорошо
    и что такое плохо?..................102

Мои любимые рассказы и сказки

М. Пляцковский. Ромашки в январе..................108

Л. Пантелеев. Две лягушки 110

М. Шаповалов. Цветы для мамы-медведицы..................113

Б. Житков. Кружечка под ёлочкой..................116
    Храбрый утёнок..................121

Е. Карганова. Ничей 124

В. Осеева. Волшебное слово..................137
    Хорошее..................142

Л. Пантелеев. Буква «ты»..................144

Н. Носов. Саша 150
    Огурцы..................161

В. Драгунский. Заколдованная буква 166
    Друг детства 169
    Тайное становится явным 175

М. Дружинина. Самая верная примета 181
    От приятного к неприятному 185

Л. Пантелеев. Большая стирка 189

С. Георгиев. Часы 211
    Старые знакомые 213
    Королевство 214

В. Катаев. Цветик-семицветик 219

П. Бажов. Серебряное копытце 233

В. Гаршин. Лягушка-путешественница 247

Д. Мамин-Сибиряк. Сказка про храброго зайца –
    длинные уши – косые глаза – короткий хвост 257

У страха глаза велики *(Из сборника М.М. Серовой)* 261

Сивка-бурка *(В обработке А.Н. Толстого)* 263

По щучьему веленью *(В обработке А.Н. Толстого)* 272

Пастушья дудочка *(В пересказе М.А. Булатова)* 284

Как мужик гусей делил *(В обработке А.Н. Толстого)* 293

Х. К. Андерсен. Свинопас *(Перевод А. Ганзен)* 295
    Огниво *(Перевод А. Ганзен)* 305

Братья Гримм. Бабушка Метелица 319
    Маленькие человечки 327

Шарль Перро. Ослиная Шкура *(Перевод И. Тургенева)* ... 331
    Синяя Борода *(Перевод И. Тургенева)* 347

Литературно-художественное издание

Для дошкольного возраста

БОЛЬШАЯ ХРЕСТОМАТИЯ ДЛЯ ДОШКОЛЬНИКОВ

Стихи, сказки, рассказы

Ответственный редактор *А. Бирюкова*
Технический редактор *М. Гагарина*
Корректоры *К. Каревская, О. Левина, Т. Дмитриева*
Компьютерная вёрстка *Е. Куделина*

Подписано в печать 16.05.2016. Формат 60×90 ¹/₈. Бумага офсетная. Гарнитура «Pragmatica». Печать офсетная. Усл. печ. л. 45,0. Тираж 5000 экз. D-HC-19599-01-R. Заказ № ВЗК-02395-16.

ООО «Издательская Группа «Азбука-Аттикус» —
обладатель товарного знака Machaon
119334, Москва, 5-й Донской проезд, д. 15, стр. 4

Филиал ООО «Издательская Группа «Азбука-Аттикус» в г. Санкт-Петербурге
191123, Санкт-Петербург, Воскресенская набережная, д. 12, лит. А

ЧП «Издательство «Махаон-Украина»
04073, Киев, Московский проспект, д. 6, 2-й этаж

ЧП «Издательство «Махаон»
61070, Харьков, ул. Ак. Проскуры, д. 1

ПО ВОПРОСАМ РАСПРОСТРАНЕНИЯ ОБРАЩАЙТЕСЬ:

В Москве:
ООО «Издательская Группа «Азбука-Аттикус»
Тел. (495) 933-76-01, факс (495) 933-76-19
E-mail: sales@atticus-group.ru; info@azbooka-m.ru

В Санкт-Петербурге:
Филиал ООО «Издательская Группа «Азбука-Аттикус» в г. Санкт-Петербурге
Тел. (812) 327-04-56
E-mail: trade@azbooka.spb.ru; atticus@azbooka.spb.ru

В Киеве:
ЧП «Издательство «Махаон-Украина»
Тел./факс (044) 490-99-01
e-mail: sale@machaon.kiev.ua

В Харькове:
ЧП «Издательство «Махаон»
Тел. (057) 315-15-64, 315-25-81
e-mail: machaon@machaon.kharkov.ua

www.azbooka.ru; www.atticus-group.ru

Отпечатано в АО «Первая Образцовая типография»,
филиал «Дом печати — ВЯТКА».
610033, г. Киров, ул. Московская, 122.

Знак информационной продукции
(Федеральный закон № 436-ФЗ
от 29.12.2010 г.)   0+